Kurosawa Travels around the World

〈国立映画アーカイブ開館記念〉

旅する黒澤明

槇田寿文ポスター・コレクションより

［監修］国立映画アーカイブ

nFaJ
国立映画アーカイブ
National Film Archive of Japan

国書刊行会

The Masterworks in Posters from the Collection of Toshifumi Makita

ごあいさつ

　黒澤明監督の作品ほど、世界各地を駆け回り、あまねく上映されてきた日本映画は
ないでしょう。1951年、ヴェネチア国際映画祭で『羅生門』が金獅子賞を受賞して以来、
《クロサワ》の名は世界の映画界を席巻し、日本映画の高い芸術性を示すシンボルとなっ
てきました。1998年の逝去から20余年、今も変わらずその名はとどろいています。

　しかし、そのような映画史上の巨匠といえども、その評価の果てしない拡がりを実感す
ることは簡単ではありません。国立映画アーカイブの開館記念企画となるこの展覧会は
2018年4月17日から9月23日まで開催されたもので、黒澤明研究家・槙田寿文氏の
コレクションから、世界30か国にわたる黒澤映画のポスター84点を中心に、その卓越し
た国際性に光を当てました。本書は、展覧会開催後とはなったものの、その意義の高さに
鑑みて出版が実現したこの展覧会の図録です。

　生前の黒澤監督は「映画は世界の広場」であると語っていました。しかしその版図は
欧州や北米だけに止まるものではありません。各国のデザイナーや画家たちの、作品の
力感に沿った筆致や大胆で前衛的な解釈とともに、《世界言語》としての黒澤映画を
ぜひ体感してください。

国立映画アーカイブ

Foreword

Among the sea of Japanese films, Akira Kurosawa's works are undoubtedly the most frequently and widely circulated and screened all over the world. After *Rashomon* was awarded the Golden Lion at the Venice International Film Festival in 1951, the name "Kurosawa" became a sensation in the international film world and has become a symbol of the high artistic quality of Japanese films. It has been more than 20 years since he passed away in 1998, and still his name resounds in the present day.

Even for such a master film director, it is not so easy to thoroughly understand the magnitude of his reputation. As a special program to celebrate the opening of the National Film Archive of Japan, the exhibition spotlighting Kurosawa's supreme internationality was held from April 17 to September 23, 2018, presenting 84 posters of his films from 30 countries, selected from the personal collection of Toshifumi Makita, a researcher specializing in Akira Kurosawa. This book sees the light of the day more than a year after the exhibition, but equates to a catalog of the exhibition hopefully preserving its high significance.

Kurosawa often said that "film is a kind of international plaza", where people from every country — beyond Europe and North America — can come together. We hope you enjoy these dynamic and audacious interpretations of his films by designers and painters from each country focusing on the power of Kurosawa's works as a "global language".

National Film Archive of Japan

収録ポスター制作国 30か国　　　　　*国名は制作当時

ヨーロッパ 〈20か国〉

　イギリス　フランス　西ドイツ　東ドイツ　スペイン　イタリア
　オランダ　ベルギー　スイス　オーストリア　スウェーデン
　デンマーク　フィンランド　ポーランド　チェコスロヴァキア
　ルーマニア　ハンガリー　ユーゴスラヴィア　ギリシャ　ソヴィエト連邦

南北アメリカ 〈5か国〉

　アメリカ　メキシコ　キューバ　ブラジル　アルゼンチン

アジア・中近東 〈4か国〉

　韓国　タイ　イラン　トルコ

オセアニア 〈1か国〉

　オーストラリア

目次

黒澤明 略年譜

＊『黒澤明 天才の苦悩と創造』（キネマ旬報社、2001年）掲載 麻生嶋俊一氏作成年譜より抜粋、加筆した。

年	年齢	事項
1910年		3月23日、東京府荏原郡大井町（現・品川区東大井）に四男四女の末っ子として生まれる。
1922年	12歳	4月、京華中学校に入学する。
1927年	17歳	3月、京華中学校を卒業する。
1928年	18歳	9月、油彩画が二科展に入選する。
1929年	19歳	プロレタリア美術研究所に通い始める。 12月、第2回プロレタリア美術大展覧会へ5点出品。
1933年	23歳	7月、映画説明者の兄・須田貞明（27歳、本名・黒澤丙午）が自殺。
1936年	26歳	4月、P.C.L.映画製作所（のちの東宝）に入社し、山本嘉次郎・滝沢英輔・伏水修・成瀬巳喜男監督らのもとで助監督として働き始める。
1937年	27歳	山本嘉次郎監督『美しき鷹』のチーフ助監督に抜擢される。
1941年	31歳	山本嘉次郎監督『馬』のB班監督をつとめる。
1942年	32歳	この頃から盛んにシナリオを執筆し、映画雑誌にも掲載される。 2月、初脚色作品である伏水修監督『青春の気流』が公開される。
1943年	33歳	3月、第一回監督作品『姿三四郎』が公開される。
1945年	35歳	5月、加藤喜代（女優・矢口陽子）と結婚する。 終戦前後に撮影していた『虎の尾を踏む男達』が、占領軍により公開禁止となる（1952年に公開）。
1948年	38歳	3月、山本嘉次郎、本木荘二郎、成瀬巳喜男等と映画芸術協会を結成。 第3次東宝争議後、東宝を離れる。
1951年	41歳	9月、『羅生門』がヴェネチア国際映画祭で金獅子賞を受賞する。
1952年	42歳	3月、『羅生門』がアカデミー賞外国語映画賞（当時は名誉賞）を受賞する。 10月、東宝復帰第1作『生きる』公開。
1954年	44歳	9月、『七人の侍』がヴェネチア国際映画祭で銀獅子賞を受賞する。
1957年	47歳	10月、第1回ロンドン映画祭のオープニングで『蜘蛛巣城』が上映される。英王室マーガレット王女よりメダルを授与される。 『ギデオン』撮影中のジョン・フォードを訪れる。
1959年	49歳	4月、黒澤プロダクションを設立する。 7月、ベルリン映画祭で『隠し砦の三悪人』が監督賞、国際批評家連盟賞を受賞。
1961年	51歳	9月、ヴェネチア国際映画祭で三船敏郎が『用心棒』の演技により最優秀男優賞を受賞。
1965年	55歳	4月、東宝専属契約での最後の作品となる『赤ひげ』公開。
1966年	56歳	6月、アブコ・エンバシー・プロとの日米合作映画『暴走機関車』の準備で渡米、ニューヨークで記者会見。 しかし製作条件が折り合わず無期延期となる。
1968年	58歳	12月、20世紀フォックス社との契約で制作を進めていた『トラ・トラ・トラ！』の監督を解任される。
1969年	59歳	7月、四騎の会（木下恵介・市川崑・小林正樹・黒澤明）を結成する。
1976年	66歳	3月、『デルス・ウザーラ』がアカデミー賞外国語映画賞を受賞する。
1980年	70歳	5月、カンヌ映画祭で『影武者』がパルムドールを受賞。
1982年	72歳	5月、カンヌ映画祭35周年で「世界の10大監督」の一人に選ばれる。 9月、ヴェネチア国際映画祭の創立50周年記念で『羅生門』が「獅子の中の獅子（過去のグランプリ作品中のグランプリ）」に選ばれる。
1984年	74歳	6月、単行本『蝦蟇の油 自伝のようなもの』（岩波書店）が刊行される。
1985年	75歳	9月、フランス政府より芸術文化勲章（コマンドゥール）を授与される。 11月、文化勲章を授与される。
1986年	76歳	1月、『乱』が全米批評家協会1985年度最優秀作品賞を受賞。
1990年	80歳	3月、アカデミー賞名誉賞を受賞する。
1993年	83歳	4月、遺作となる『まあだだよ』公開。
1998年	88歳	9月6日、脳卒中にて永眠する。 10月、国民栄誉賞受賞。

フィルモグラフィー

題名	日本公開年	主演	原作	脚本	撮影	美術	音楽
姿三四郎	1943	大河内伝次郎、藤田進、月形龍之介	富田常雄	黒澤明	三村明	戸塚正夫	鈴木静一
一番美しく	1944	矢口陽子、志村喬、菅井一郎		黒澤明	小原譲治	安部輝明	鈴木静一
続 姿三四郎	1945	大河内伝次郎、藤田進、月形龍之介	富田常雄	黒澤明	伊藤武夫	久保一雄	鈴木静一
虎の尾を踏む男達	製作：1945 公開：1952	大河内伝次郎、榎本健一、藤田進		黒澤明	伊藤武夫	久保一雄	服部正
わが青春に悔なし	1946	原節子、藤田進、大河内伝次郎		久板栄二郎	中井朝一	北川恵笴	服部正
素晴らしき日曜日	1947	沼崎勲、中北千枝子		植草圭之助	中井朝一	久保一雄	服部正
酔いどれ天使	1948	志村喬、三船敏郎、木暮実千代		植草圭之助、黒澤明	伊藤武夫	松山崇	早坂文雄
静かなる決闘	1949	三船敏郎、志村喬、三條美紀	菊田一夫	黒澤明、谷口千吉	相坂操一	今井高一	伊福部昭
野良犬	1949	三船敏郎、志村喬、淡路恵子		黒澤明、菊島隆三	中井朝一	松山崇	早坂文雄
醜聞（スキャンダル）	1950	三船敏郎、山口淑子、桂木洋子		黒澤明、菊島隆三	生方敏夫	浜田辰雄	早坂文雄
羅生門	1950	三船敏郎、京マチ子、志村喬	芥川龍之介	黒澤明、橋本忍	宮川一夫	松山崇	早坂文雄
白痴	1951	森雅之、三船敏郎、原節子	ドストエフスキー	久板栄二郎、黒澤明	生方敏夫	松山崇	早坂文雄
生きる	1952	志村喬、小田切みき		黒澤明、橋本忍、小国英雄	中井朝一	松山崇	早坂文雄
七人の侍	1954	三船敏郎、志村喬、津島恵子		黒澤明、橋本忍、小国英雄	中井朝一	松山崇	早坂文雄
生きものの記録	1955	三船敏郎、志村喬		橋本忍、小国英雄、黒澤明	中井朝一	村木与四郎	早坂文雄
蜘蛛巣城	1957	三船敏郎、山田五十鈴、志村喬	シェイクスピア	小国英雄、橋本忍、菊島隆三、黒澤明	中井朝一	村木与四郎	佐藤勝
どん底	1957	三船敏郎、山田五十鈴、香川京子	ゴーリキー	黒澤明、小国英雄	山崎市雄	村木与四郎	佐藤勝
隠し砦の三悪人	1958	三船敏郎、千秋実、藤原釜足		菊島隆三、小国英雄、橋本忍、黒澤明	山崎市雄	村木与四郎	佐藤勝
悪い奴ほどよく眠る	1960	三船敏郎、森雅之、香川京子		小国英雄、久板栄二郎、黒澤明、菊島隆三、橋本忍	逢沢譲	村木与四郎	佐藤勝
用心棒	1961	三船敏郎、仲代達矢、山田五十鈴		菊島隆三、黒澤明	宮川一夫	村木与四郎	佐藤勝
椿三十郎	1962	三船敏郎、仲代達矢、加山雄三	山本周五郎	菊島隆三、小国英雄、黒澤明	小泉福造、斎藤孝雄	村木与四郎	佐藤勝
天国と地獄	1963	三船敏郎、仲代達矢、三橋達也	エド・マクベイン	小国英雄、菊島隆三、久板栄二郎、黒澤明	中井朝一	村木与四郎	佐藤勝
赤ひげ	1965	三船敏郎、加山雄三、香川京子	山本周五郎	井手雅人、菊島隆三、小国英雄、黒澤明	中井朝一、斎藤孝雄	村木与四郎	佐藤勝
どですかでん	1970	頭師佳孝、菅井きん、芥川比呂志	山本周五郎	黒澤明、小国英雄、橋本忍	斎藤孝雄、福沢康道	村木与四郎、村木忍	武満徹
デルス・ウザーラ	1975	ユーリー・サローミン、マキシム・ムンズク	ウラジーミル・アルセーニエフ	黒澤明、ユーリー・ナギービン	中井朝一、ユーリー・ガントマン他	ユーリー・ラクシヤ	イサーク・シュワルツ
影武者	1980	仲代達矢、山崎努、萩原健一		黒澤明、井手雅人	宮川一夫、斎藤孝雄、上田正治	村木与四郎	池辺晋一郎
乱	1985	仲代達矢、根津甚八、寺尾聰		黒澤明、小国英雄、井手雅人	斎藤孝雄、上田正治	村木与四郎、村木忍	武満徹
夢	1990	寺尾聰、倍賞美津子、笠智衆		黒澤明	斎藤孝雄、上田正治	村木与四郎、櫻木晶	池辺晋一郎
八月の狂詩曲（ラプソディ）	1991	村瀬幸子、吉岡秀隆、リチャード・ギア	村田喜代子	黒澤明	上田正治	村木与四郎	池辺晋一郎
まあだだよ	1993	松村達雄、香川京子、所ジョージ	内田百閒	黒澤明	斎藤孝雄、上田正治	村木与四郎	池辺晋一郎

Rashomon

Neue Filmkunst

Der Wald der Versuchung
Ein Film von Akira Kurosawa
Mit Toshiro Mifune, Machiko Kyo und Masayuki Mori
Prädikat: besonders wertvoll

❶ 羅生門
Rashomon
1950年8月26日　日本公開
Release date in Japan: August 26, 1950
西ドイツ版（1959年）
West German Poster (1959)
839×593
Ⓟハンス・ヒルマン　Hans Hillmann

ハンス・ヒルマン
（1925-2014）　ドイツ

1948年から49年までカッセルの工芸学校で学ぶ。1953年以降、フリーランスのデザイナーとして活躍、1958年には若手デザイナーグループ「ノーヴム」を結成し、ヒルマンは主に映画宣伝美術の分野で活躍する。モチーフ・文字・背景の三要素に還元される「ザッハプラカート」の伝統に、写真などの多様な手法を取り入れ、シンプルながらもインパクトのある作風で西ドイツポスター芸術の新時代を開拓した。1961年から89年までカッセル造形芸術大学の教授。1974年までに、ノイエ・フィルムクンスト・ヴァルター・キルヒナーを中心にアート系映画配給会社に、150点以上もの映画ポスターを制作、国内外での受賞も数多い。

2 羅生門
Rashomon
西ドイツ版（1952年）　West German Poster (1952)
839×596

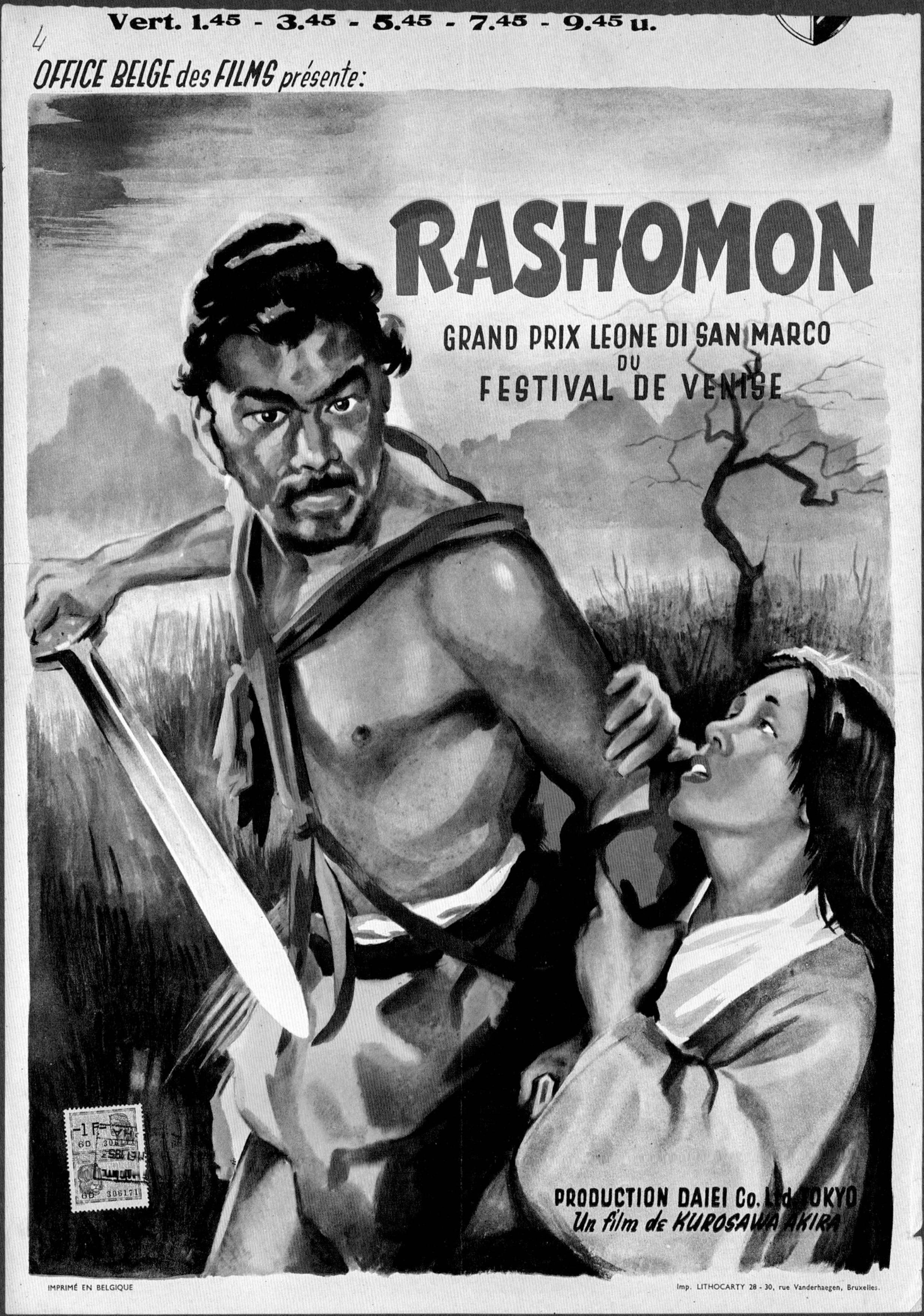

3 羅生門
Rashomon
ベルギー版（1953年） Belgian Poster (1953)
484×352

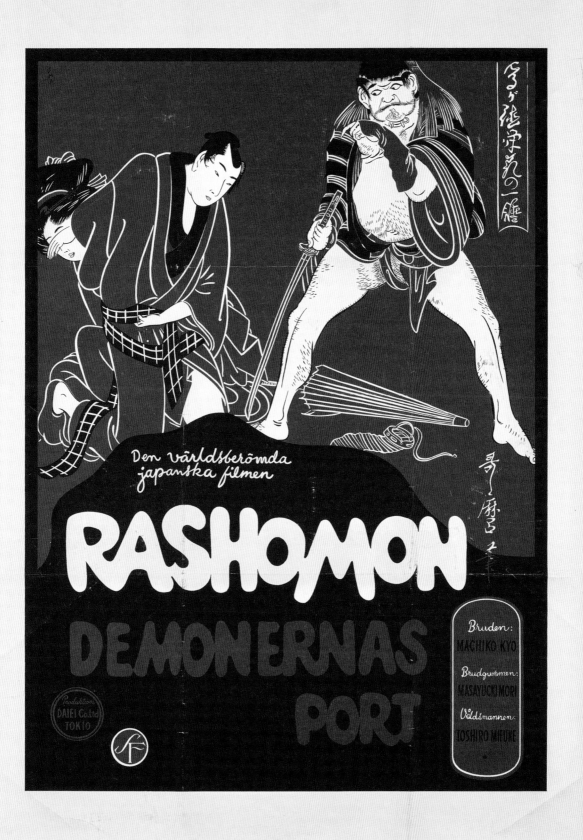

④ 羅生門
Rashomon
スウェーデン版（1953年）　Swedish Poster (1953)
1,000×712

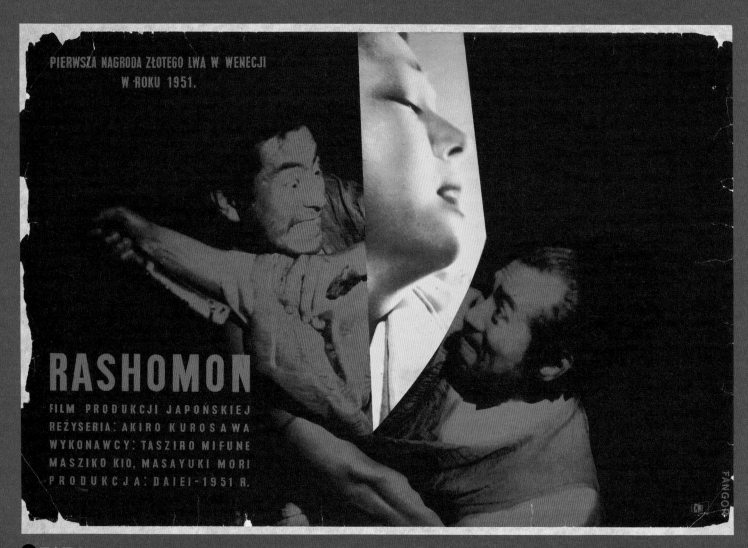

❺ 羅生門
Rashomon
ポーランド版（1958年）　Polish Poster (1958)
570×846　Ⓟヴォイチェフ・ファンゴル　Wojciech Fangor

6 羅生門
Rashomon
チェコスロヴァキア版（1970年）　Czechoslovak Poster (1970)
410×288　Ⓟベドジヒ・ドロウヒー　Bedřich Dlouhý

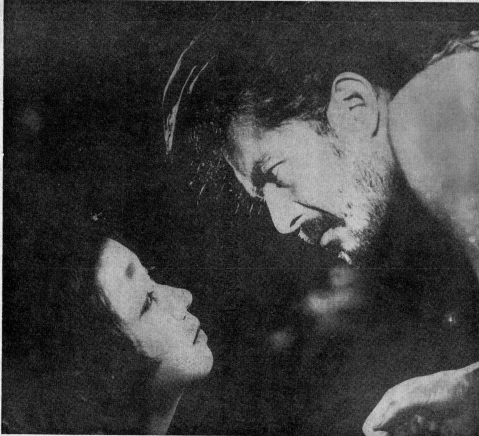

Japāņu mākslas filma

RASOMONS

Японский художественный фильм

РАСЕМОН

Scenārija autori: Akira Kurasava un Sinobu Hasimoto
Režisors — Akira Kurasava
Galvenajā lomā — Tosiro Mifune
Studija «Daiei» (Japāna)
　　　　　　　Bērniem līdz 16 gadiem ieeja aizliegta

Авторы сценария: Акира Курасава, Синобу Хасимото
Режиссер — Акира Курасава
В главной роли — Тосиро Мифуне
Студия «Дайэй» (Япония)
　　　　　　　Дети до 16 лет не допускаются

KINO KINO

Sākums pl.
Начало в

❼ 羅生門
Rashomon
ソヴィエト［ラトヴィア］版（1966年）　Soviet (Latvian) Poster (1966)
710×500

Winner Of The Grand Prize 1951 Venice Film Festival

ACCLAIMED THE BEST PICTURE OF THE YEAR FROM ANY COUNTRY

"BEST foreign film of year"
"Best directed film of year"
—Nat'l B'd of Review

"A rare piece of film art"
—N.Y. TIMES

Rasho-Mon

The great and exciting Japanese production which brings a new experience in the cinema.
...introducing the beautiful
MACHIKO KYO TOSHIRO MIFUNE MASAYUKI MORI

Distributed by RKO Radio Pictures

8 羅生門
Rashomon
アメリカ版（1952年） US Poster (1952)
1,043×690

WINNER OF THE SPECIAL
ACADEMY AWARD
("BEST FOREIGN FILM")

GRAND PRIZE WINNER OF VENICE FILM FESTIVAL as the World's Finest Motion Picture!

"**BEST** foreign film of the year...**BEST** directed film of the year!"
— National Board of Review

"**BEST FOREIGN PICTURE OF THE YEAR!**" — Film Critics Circle of the Foreign Language Press in the U.S.

Rasho-Mon

Introducing the beautiful
MACHIKO KYO
TOSHIRO MIFUNE
MASAYUKI MORI

UNANIMOUSLY ACCLAIMED AS A MAJOR CONTRIBUTION TO THE SCREEN:

"A great film . . . Challenges comparison with the outstanding film achievements in any country or period!"
—Saturday Review of Literature

"To say it is great is not enough!"
—Washington Daily News

"Star rating. Remarkable acting, directing, photography."
—Official Green Sheet
(National Women's Organizations)

"A great, great film. You have never seen anything like it!"
—San Francisco Examiner

"Rough, bold beauties!"
—Harper's Bazaar

"A rare piece of film art! See it twice to appreciate it!"
—New York Times

"Japan's great film! Never a picture quite like it!"
—Life (in a 2-page feature)

"Powerful film. A novel stimulating moviegoing experience!"
—Time Magazine

"Striking . . . a stunning piece of art!"
—Newsweek

"A new experience in the movies!"
—Philadelphia Bulletin

"Expertly acted . . . Adult intelligent story . . . a stimulating emotional experience!"
—Esquire

Distributed by RKO Radio Pictures, Inc.

9 羅生門
Rashomon
アメリカ版 [レヴュー版]（1952年）　US Review Poster (1952)
1,065×712

⑩ 姿三四郎
Sanshiro Sugata
1943年3月25日　日本公開　Release date in Japan: March 25, 1943
スウェーデン版　Swedish Poster
700×488

Die Männer, die auf des Tigers Schwanz traten.
Ein Film von Akira Kurosawa

⓫ 虎の尾を踏む男達
The Men Who Tread on the Tiger's Tail
1952年4月24日　日本公開（1945年製作）　Release date in Japan: April 24, 1952 (Production year:1945)
西ドイツ版　West German Poster
839×442

⑫酔いどれ天使
Drunken Angel
1948年4月26日　日本公開　Release date in Japan: April 26, 1948
ポーランド版（1960年）　Polish Poster (1960)
850×585　Ⓟヴワディスワフ・ヤニシェフスキ　Władysław Janiszewski

⑬ 静かなる決闘
The Quiet Duel
1949年3月13日　日本公開　Release date in Japan: March 13, 1949
ギリシャ版（2006年）　Greek Poster (2006)
488×340

⑭ 野良犬
Stray Dog
1949年10月17日　日本公開　Release date in Japan: October 17, 1949
アメリカ版（1964年）　US Poster (1964)
1,041×685

⑮野良犬
Stray Dog
フランス版（1961年）　French Poster (1961)
1,204×780　Ⓟエチュヴェリー　Etcheverry

Akira Kurosawan
KULKUKOIRA
"Nora Inu"

Toshiro Mifune
Takashi Shimura
Keiko Awaji
Shin Toho

Oy Urania Film Ltd

⑯ 野良犬
Stray Dog
フィンランド版（1987年）　Finnish Poster (1987)
595×423　Ⓟエルキ・サウラマ　Erkki Saurama

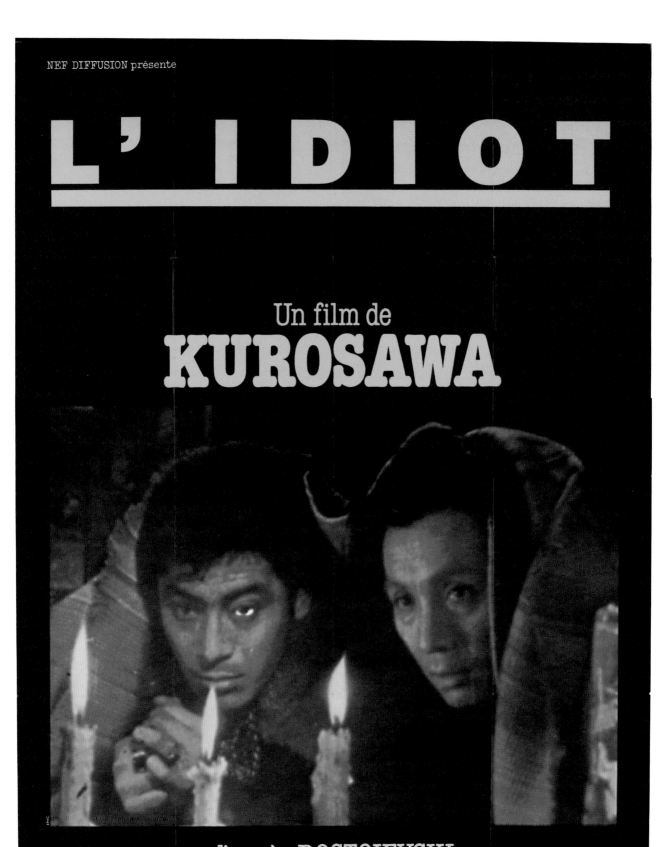

⑰ 白痴
The Idiot
1951年5月23日　日本公開　Release date in Japan: May 23, 1951
フランス版　French Poster
1,544×1,156

18 生きる
Ikiru / Doomed / To Live
1952年10月9日　日本公開　Release date in Japan: October 9, 1952
フランス版（1966年）　French Poster (1966)
1,538×1,154

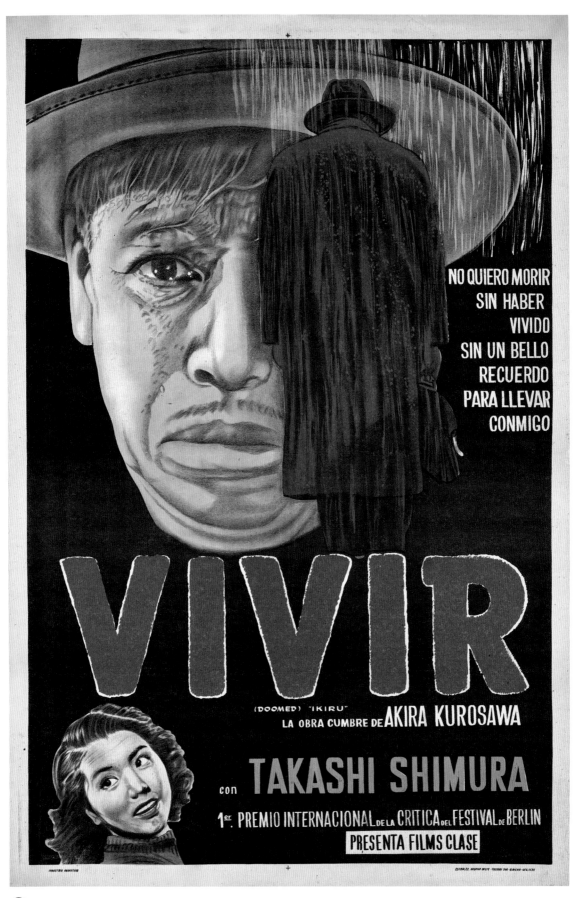

⑲生きる
Ikiru / Doomed / To Live
アルゼンチン版　Argentinian Poster
1,145×778

⑳ 七人の侍
Seven Samurai
1954年4月26日　日本公開　Release date in Japan: April 26, 1954
イギリス版［アカデミー・シネマ版］　UK Academy Cinema Poster
760×1,025　Ⓟピーター・ストロスフェルド　Peter Strausfeld

ドイツのケルン生まれ。第二次世界大戦初期に英国に移住する。戦後、オーストリア出身の映画プロデューサー、ジョージ・ヘレリングがロンドンで始めた映画館「アカデミー・シネマ」のために、1947年から1980年までの33年間、木版とリノカット（リノリウムを版に用いた版画）による味わいあるポスターを制作し続けた。それらのポスターはロンドンの地下鉄構内など300か所以上の場所で貼られた。また1959年から1980年までブライトンの芸術カレッジなどで教鞭をとった。

ピーター・ストロスフェルド
（1910-1980）イギリス

DAS ist Film: **DIE SIEBEN SAMURAI**

Ein prächtiges Abenteuer
von Akira Kurosawa
mit Toshiro Mifune
und sogar

„besonders wertvoll"

Atlas Film

Atlas Film

㉑ 七人の侍
Seven Samurai
西ドイツ版［8シート判］（1962 年）
West German
8-sheet Poster (1962)
2,385×3,324
Ⓟハンス・ヒルマン　Hans Hillmann

㉒ 七人の侍
Seven Samurai
ポーランド版（1960年） Polish Poster (1960)
588×854 Ⓟマリアン・スタフルスキ Marian Stachurski

㉓ 七人の侍
Seven Samurai
フィンランド版（1959年）　Finnish Poster (1959)
596×419　Ⓟライモ・ライメラ　Raimo Raimela

24 七人の侍
Seven Samurai
ルーマニア版　Romanian Poster
484×344

㉕ 七人の侍
Seven Samurai
アメリカ版（2002年）　US Poster (2002)
985×675

❷❻ 七人の侍
Seven Samurai
イタリア版［4シート判］（1955年） Italian 4-sheet Poster (1955)
1,969×1,405

㉗ 七人の侍
Seven Samurai
アルゼンチン版（1957年） Argentinian Poster (1957)
1,101×742

AKIRA KUROSAWAS
SEVEN SAMURAI
with TOSHIRO MIFUNE

«DIE SIEBEN SAMURAI»
PROD. TOHO ⓒ COLUMBUS FILM

Ein grandioser Abenteuerfilm um eine Gruppe von Samurai, die ein Bauerndorf gegen die Angriffe einer Räuberbande schützen. 1960 - in USA von John Sturges nochmals unter dem Titel «THE MAGNIFICENT SEVEN» (Die glorreichen Sieben) verfilmt.

 七人の侍
Seven Samurai
スイス版　Swiss Poster
420×297

7 SAMOERAI
van
AKIRA KUROSAWA

30 七人の侍
Seven Samurai
オランダ版　Dutch Poster
640×462

مژده هفت جنگجو مژده

یکی دیگر از جالب ترین برنامه های امسال

برای اولین مرتبه شاهکار معظم سینمای ژاپن مملو از حوادث

شیرین که بیشتر از صحنه های آن برای نخستین بار

در روی پرده سینما دیده میشوند

درام ـ مهیج ـ عشقی و قهرمانی

سینمای ژاپن

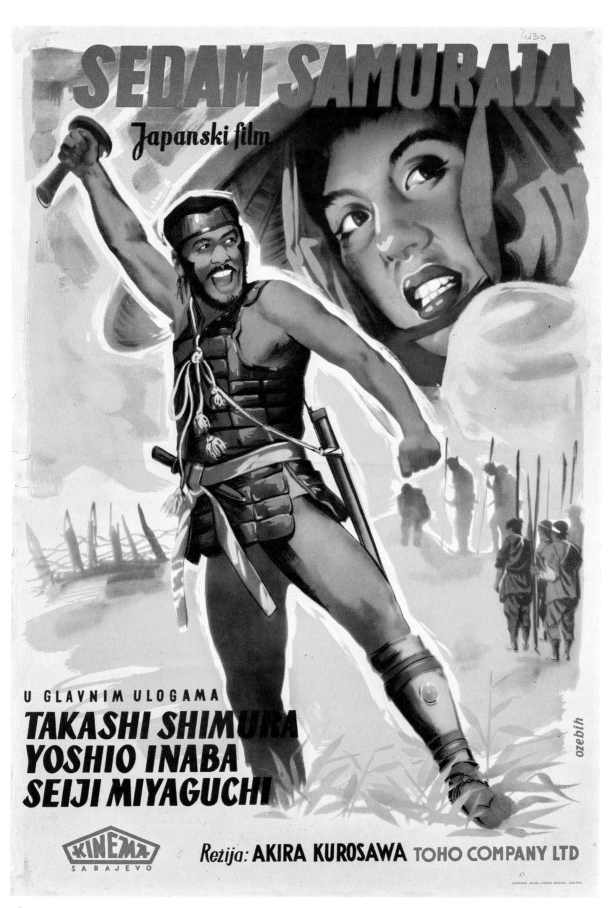

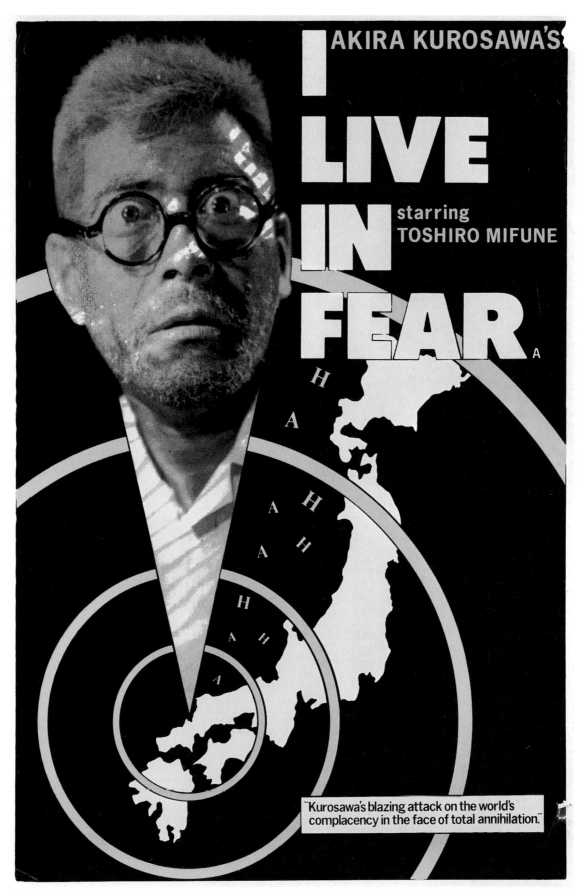

34 生きものの記録
I Live in Fear / Record of a Living Being
1955年11月22日　日本公開　Release date in Japan: November 22, 1955
イギリス版　UK Poster
764×511

LA GLOBE FILMS INTERNATIONAL PRESENTA

IL TRONO DI SANGUE

TOSHIRO MIFUNE · ISUZU YAMADA · TAKASHI SHIMURA

PRODOTTO DALLA TOHO COMPANY, Ltd.

DIRETTO DA AKIRA KUROSAWA

35 蜘蛛巣城
Throne of Blood
1957年1月15日 日本公開
Release date in Japan: January 15, 1957
イタリア版[2シート判]（1959年） Italian 2-sheet Poster (1959)
1,462×1,063 ⓟカルラントニオ・ロンジ Carlantonio Longi

フィレンツェの美術研究所とローマの美術アカデミーで学んだのち、主に肖像画家として活躍、そして1940年代前半から60年代の終わりまで、約30年にわたる映画ポスターの制作で全国的な名声を得た。デ・シーカ『自転車泥棒』、ヴィスコンティ『夏の嵐』、アントニオーニ『情事』といったイタリア映画の名作のほか、『オズの魔法使い』やドライヤー『怒りの日』などの外国映画ポスターも多数手がけた。後年は広告グラフィックに専念した。

カルラントニオ・ロンジ
（1921-1980） イタリア

36 蜘蛛巣城
Throne of Blood
イタリア版［4シート判］（1959年）　Italian 4-sheet Poster (1959)
1,967×1,404　Ⓟカルラントニオ・ロンジ　Carlantonio Longi

㉟ 蜘蛛巣城
Throne of Blood
ポーランド版（1960年）　Polish Poster (1960)
856×577　Ⓟヴォイチェフ・ヴェンツェル　Wojciech Wenzel

JAPONSKÝ FILM

KRVAVÝ TRŮN

PODLE MOTIVŮ

SHAKESPEAROVY TRAGEDIE MACBETH

F 083549 OTK 23

38 蜘蛛巣城
Throne of Blood
チェコスロヴァキア版（1959年） Czechoslovak Poster (1959)
405×280 Ⓟヤン・クビーチェク Jan Kubíček

nachtasyl (Donzoko)   Ein Film von Akira Kurosawa   nach Maxim Gorki   Japan 1957
mit Toshiro Mifune Isuzu Yamada Ganjiro Nakamura Kyoko Kagawa Minoru Chiaki

㊴ どん底
The Lower Depths
1957年9月17日 日本公開   Release date in Japan: September 17, 1957
ドイツ版   German Poster
846×549

⓵ 隠し砦の三悪人
The Hidden Fortress
1958年12月28日　日本公開　Release date in Japan: December 28, 1958
イタリア版［2シート判］（1960年）　Italian 2-sheet Poster (1960)
1,400×1,002　Ⓟルイジ・マルティナーティ　Luigi Martinati

THE ACADEMY CINEMA

OXFORD STREET · GER 2981

presents the first Day-time Season of outstanding Academy Cinema Night Show films

9th - 22nd February
AKIRA KUROSAWA'S
The Hidden Fortress (A)

"*The action sequences are some of the most exciting and violent I have ever seen, and the film is brilliantly acted and directed*" **DAILY EXPRESS**

23rd February - 8th March
JEAN RENOIR'S
La Règle du Jeu (A)

"*Jean Renoir's greatest work in its uncut glory*" **OBSERVER**
"*One of the most completely satisfying works of the French Cinema*" **SUNDAY TIMES**

9th - 22nd March
KENJI MIZOGUCHI'S
Ugetsu Monogatari (X)

"*Top film of 1962*" **GUARDIAN**
"*A masterpiece from Japan*" **OBSERVER**
"*A film with some of the most extraordinary moments, surely, ever seen in the cinema*" **SPECTATOR**

41 隠し砦の三悪人
The Hidden Fortress
イギリス版［アカデミー・シネマ版］ UK Academy Cinema Poster
763×1,018 Ⓟピーター・ストロスフェルド Peter Strausfeld
＊同時掲載作品：『ゲームの規則』『雨月物語』

㊷ 隠し砦の三悪人
The Hidden Fortress
デンマーク版（1969年）　Danish Poster (1969)
840×616　Ⓟニナ・シエッツ　Nina Schiøttz

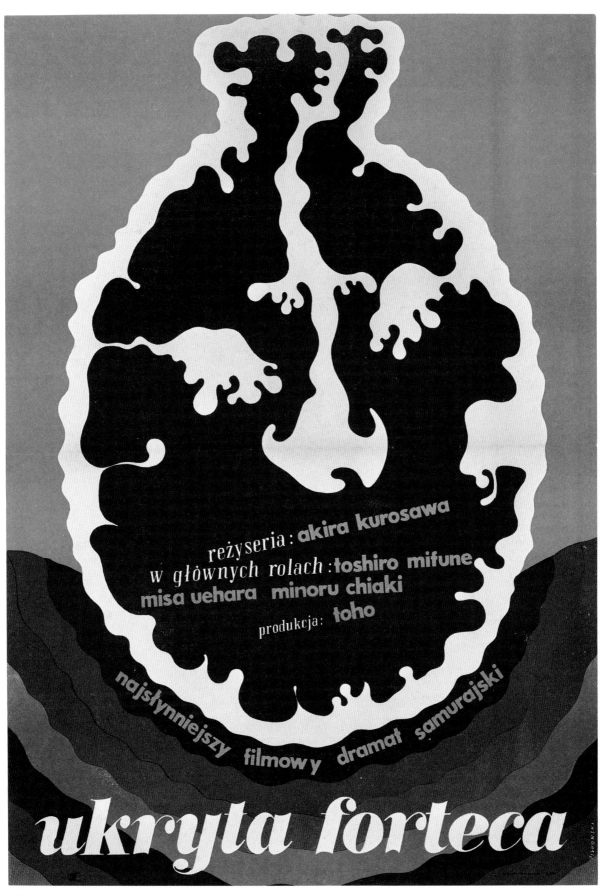

reżyseria : akira kurosawa
w głównych rolach : toshiro mifune
misa uehara minoru chiaki
produkcja : toho

najsłynniejszy filmowy dramat samurajski

ukryta forteca

㊸ 隠し砦の三悪人
The Hidden Fortress
ポーランド版（1968年）　Polish Poster（1968）
825×575　Ⓟアンジェイ・ピヴォンスキ　Andrzej Piwoński

44 悪い奴ほどよく眠る
The Bad Sleep Well
1960年9月4日　日本公開　Release date in Japan: September 4, 1960
ソヴィエト［ロシア］版　Soviet (Russian) Poster
887×551

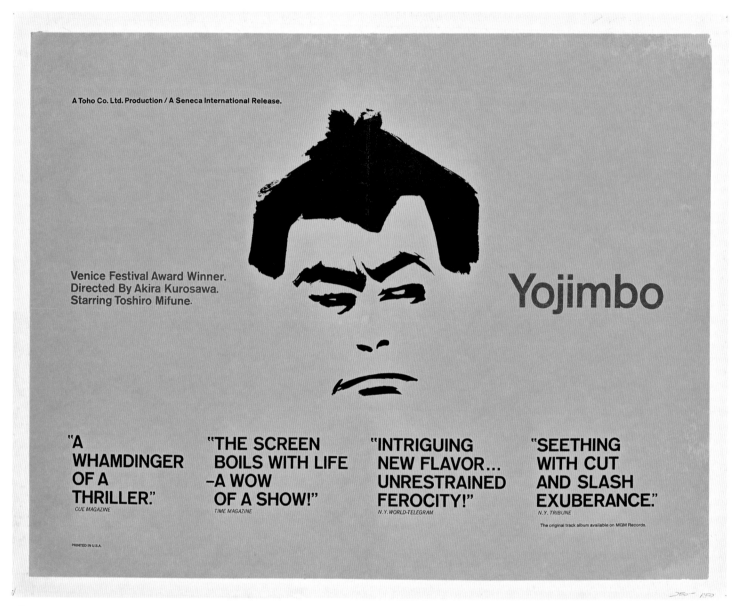

Yojimbo
1961年4月25日　日本公開　Release date in Japan: April 25, 1961
アメリカ版（1961年）　US Poster (1961)
597×760　Ⓟエヴェレット・エイソン　Everett Aison

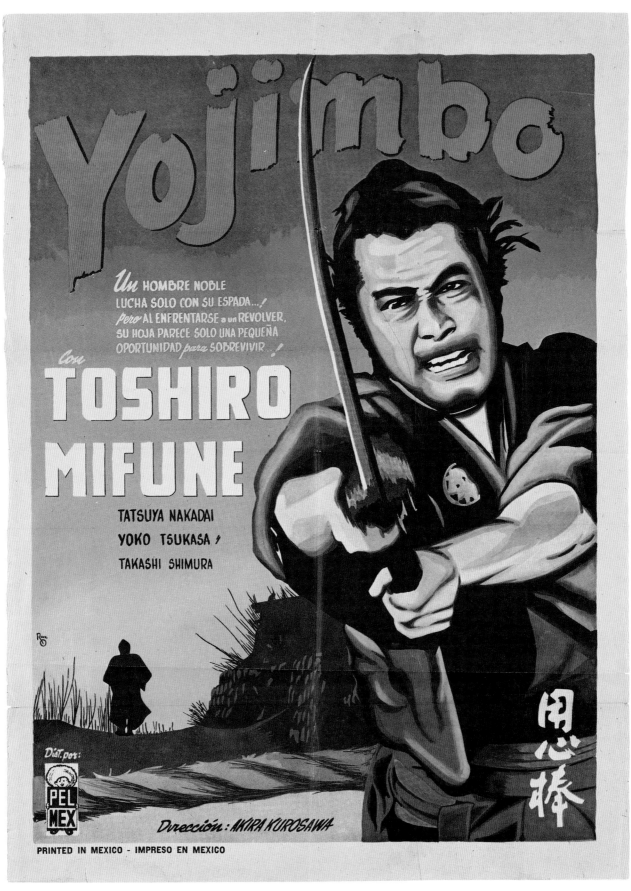

❹⁷ 用心棒
Yojimbo
メキシコ版（1963年） Mexican Poster (1963)
949×703 Ⓟルイス・O Ruiz O

48 用心棒
Yojimbo
ポーランド版（1962年）　Polish Poster (1962)
857×610　Ⓟエリク・リピンスキ　Eryk Lipiński

❹❾ 椿三十郎
Sanjuro
1962年1月1日　日本公開　Release date in Japan: January 1, 1962
ポーランド版（1968年）　Polish Poster (1968)
821×578　Ⓟアンジェイ・クライェフスキ　Andrzej Krajewski

ヴロツワフの美術大学、のちに1958年から1963年までワルシャワの美術アカデミーで学ぶ。映画・演劇ポスター、書籍カバーなどの分野で60年以上にわたって活躍したが、ポップアートのスタイルを取り入れ、1970年代にはアール・デコ調のイラストも描いた。1985年にアメリカのニュージャージー州ニューアークに移住して絵画に専念。2007年にポーランドに戻って再びポスターに携わる。2014年には、スターリン主義下でジャズを愛したポーランド青年をめぐる自伝的な漫画「Skyliner（スカイライナー）」を発表した。

アンジェイ・クライェフスキ
(1933-2018)　ポーランド

O PRODUCŢIE A STUDIOURILOR JAPONEZE

SANJURO

Scenariul : RYUZO KIKUSHIMA

Imaginea : FUKUZO KOIZUMI

HÎDEO OGUNI
AKIRA KUROSAWA

Muzica : MASARU SATO

Regia : AKIRA KUROSAWA

Cu :

Toshiro Mifune, Tatsuya Nakadai, Reiko Đan, Yuzo Kayama, Takashi Shimura

„GRAFICA NOUĂ" II — c. 10546

50 椿三十郎
Sanjuro
ルーマニア版　Romanian Poster
500×350

from
BOSLEY
CROWTHER of
The New York Times
"'Sanjuro" is a surprising, beautifully made film, startling, mischievous and refreshing. It is a sly sardonic piece of banter with a subtle satiric point. Mifune is excellent."
Akira
Kurosawa's
SANJURO
椿三十郎
starring
TOSHIRO MIFUNE
Yuzo Kayama, Reiko Dan, Tatsuya Nakadai
Toho production in TOHOSCOPE

(51) 椿三十郎
Sanjuro
アメリカ版（1963年） US Poster (1963)
1,043×691

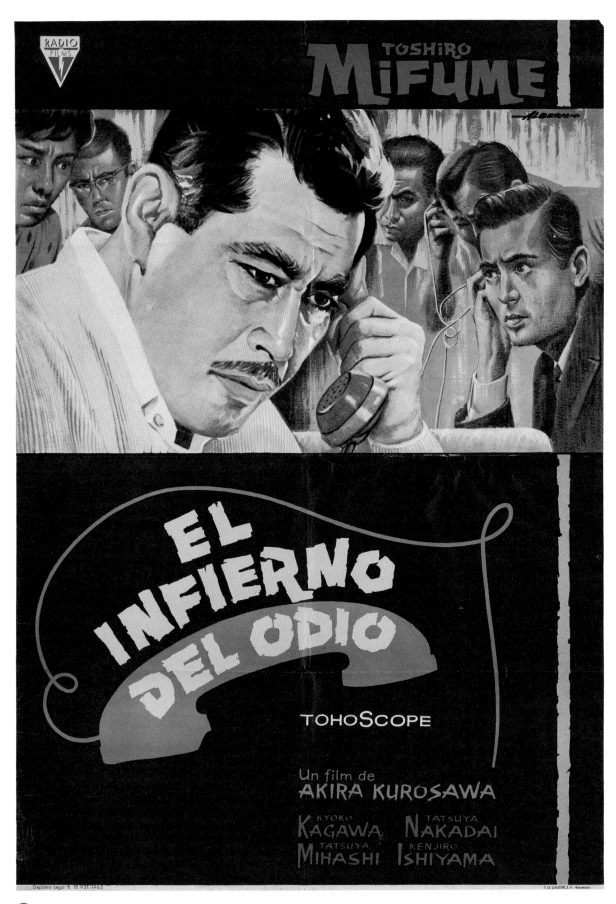

52 天国と地獄
High and Low
1963年3月1日　日本公開　Release date in Japan: March 1, 1963
スペイン版　Spanish Poster
979×683

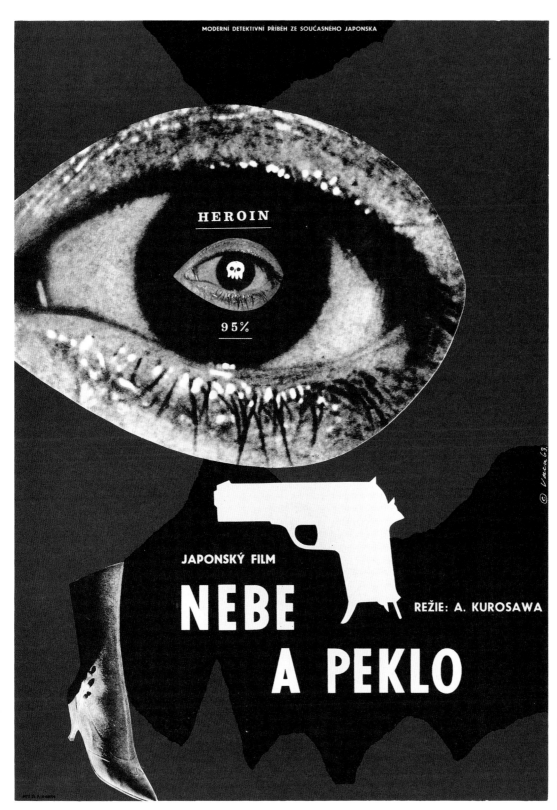

MODERNÍ DETEKTIVNÍ PŘÍBĚH ZE SOUČASNÉHO JAPONSKA

HEROIN

95%

JAPONSKÝ FILM

NEBE
A PEKLO

REŽIE: A. KUROSAWA

⑤③ 天国と地獄
High and Low
チェコスロヴァキア版（1963年）
Czechoslovak Poster (1963)
414×290
Ⓟカレル・ヴァツァ
Karel Vaca

プロスチェヨフに生まれ、プラハのロッテル学校で広告グラフィック（1937-38年）、さらにプラハ工芸大学（VŠUP）のエミル・フィラのもとで学ぶ（1945-50年）。1959年にグループ「Trasa（道筋）」のメンバー。劇場ポスターを含む舞台関連芸術を数多く手がける。さらに本の装丁や挿絵、とりわけ200点を超える映画ポスターの制作で知られ、国内外の賞を多数受賞。コラージュの手法に余白を効果的に配し、静謐な調和を画面にもたらすその特徴は、色面の緩やかな重なりで抽象的に構成された自身の絵画作品にも認められる。

カレル・ヴァツァ
（1919-1989）　チェコスロヴァキア

BARBA ROJA

film japonés en cinemascope

DIRECCION:
akira kurosawa
CON:
toshiro mifune

bachs/66

⑤④ 赤ひげ
Red Beard
1965年4月3日　日本公開
Release date in Japan: April 3, 1965
キューバ版（1966年）
Cuban Poster (1966)
762×510
Ⓟエドゥアルド・ムニョス・バッチ
Eduardo Muñoz Bachs

エドゥアルド・ムニョス・バッチ
（1937-2001）　キューバ

スペインのバレンシア生まれ。1941年にキューバに移住。グラフィック・デザインは独学。1950年代にアニメーションCM制作に携わる。1960年から国立映画芸術産業庁（ICAIC）やシネマテカ・デ・クーバ（国立映画保存所）のためのポスターを手がけ、その数は約2000点にものぼる。数多くの絵本の著者・デザイナーとしても活躍。独自のイラストレーションが映画のコンテクストを伝える重要な役割を果たし、変幻自在でありながら高度に洗練された造形表現を特徴とする。その色彩豊かな作品は、1970年代にキューバの映画ポスターが世界的に注目された機運に大きく寄与した。

55 赤ひげ
Red Beard
フィンランド版（1979年）　Finnish Poster (1979)
479×321

56 赤ひげ
Red Beard
タイ版（1965年）　Thai Poster (1965)
542×390

57 赤ひげ
Red Beard
アメリカ版（1965年） US Poster (1965)
1,048×718

JAPONSKÝ FILM

REŽISÉRA AKIRA KUROSAWY

RUDOVOUS

SCÉNÁŘ: MASATO IDE, HIDEO OGUNI, RYUZO KIKUŠIMA, AKIRA KUROSAWA
KAMERA: ASAIŠI NAKAI, TAKAO SAITO
HUDBA: MASARU SATO

REŽIE: AKIRA KUROSAWA

HRAJÍ:TOŠIRO MIFUNE,YUZO KAJAMA KAMATARI TSUČIJA, REIKO DAN,KIOKO KAGAWA, KAMATARI FUDŽIWARA, AKEMI NEGIŠI, TSUTOMU JAMAZAKI, MIJUKI KUWANO,TERUMI NISI , JOKO NAITO aj.

Ústřední půjčovna filmů Praha * E-02*60311 · Stráž 105

58 赤ひげ
Red Beard
チェコスロヴァキア版　Czechoslovak Poster
407×297

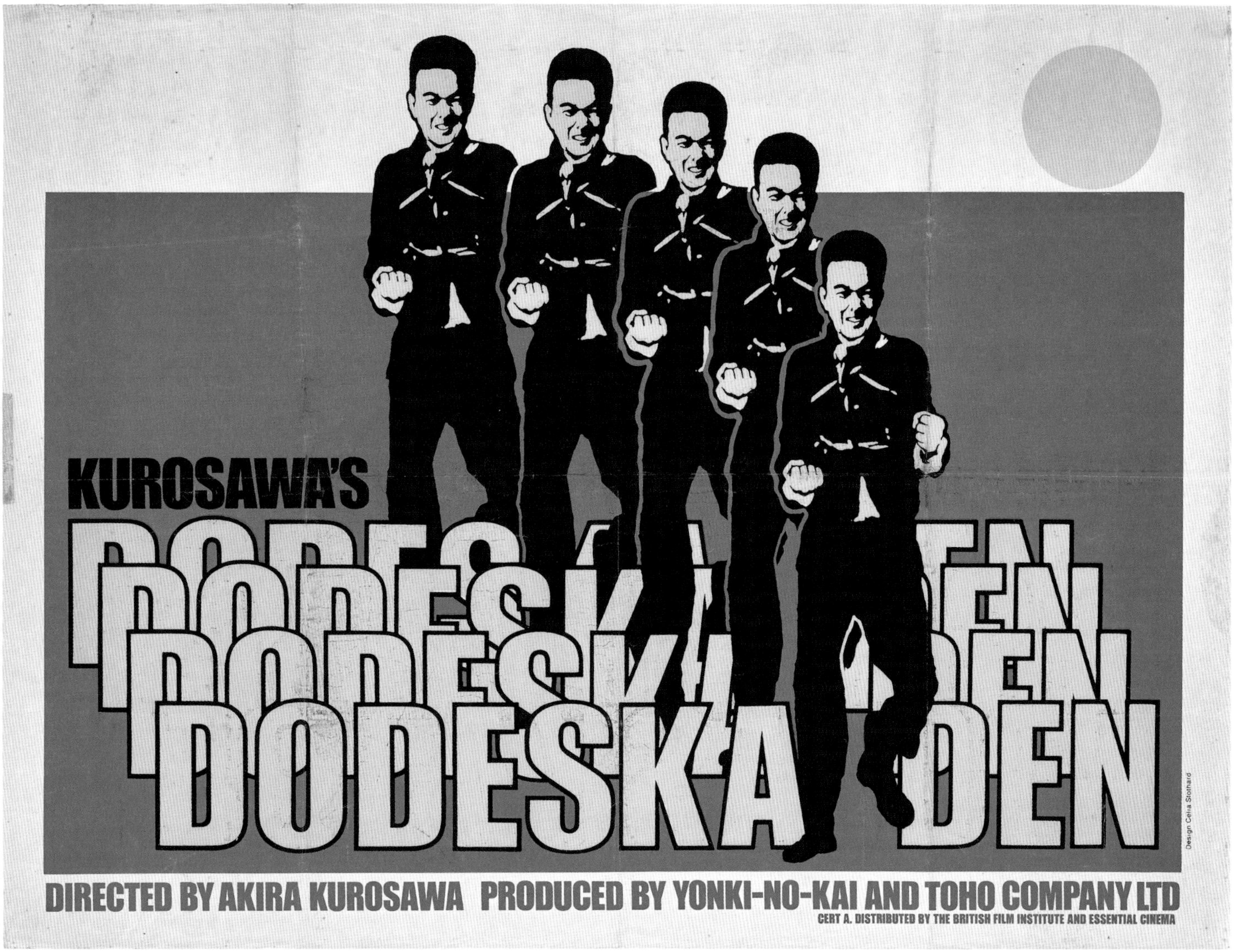

59 どですかでん
Dodeskaden
1970年10月31日　日本公開　Release date in Japan: October 31, 1970
イギリス版　UK Poster
759×1,019　Ⓟセリア・ストザード　Celia Stothard

60 どですかでん
Dodeskaden
チェコスロヴァキア版（1972年）　Czechoslovak Poster (1972)
818×580　Ⓟヴラチスラフ・フラヴァティー　Vratislav Hlavatý

61 どですかでん
Dodeskaden
ルーマニア版　Romanian Poster
951×665

❷ どですかでん
Dodeskaden
ポーランド版（1971年）　Polish Poster (1971)
842×581　Ⓟヤン・ムウォドジェニェツ　Jan Młodożeniec

63 デルス・ウザーラ
Dersu Uzala
1975年8月2日　日本公開　Release date in Japan: August 2, 1975
ソヴィエト［ロシア］版（1975年）　Soviet (Russian) Poster (1975)
860×546

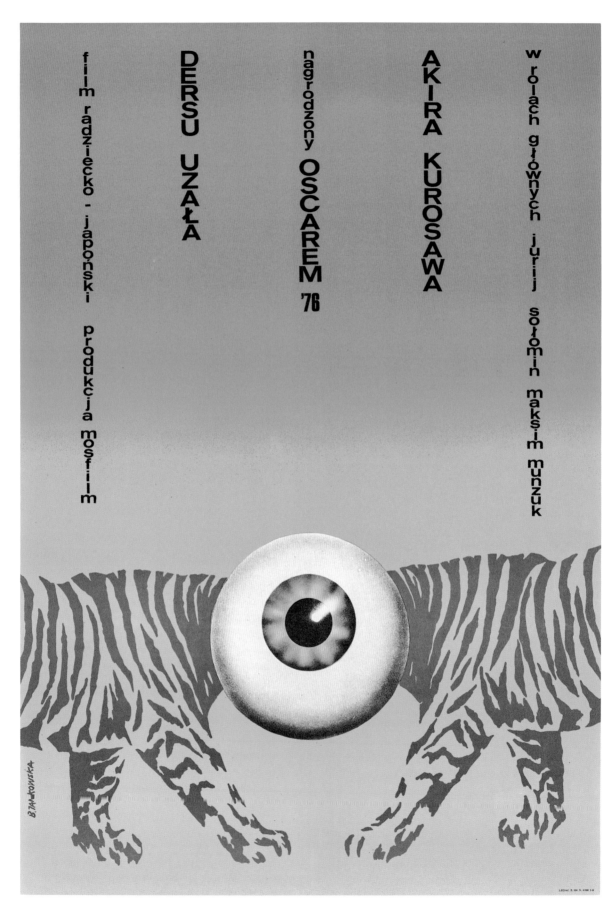

64 デルス・ウザーラ
Dersu Uzala
ポーランド版（1976年）　Polish Poster (1976)
836×574　Ⓟバルバラ・ヤンコフスカ　Barbara Jankowska

um filme de
dersu uzala/**akira kurosawa**/melhor filme estrangeiro-76 festival de moscou/**oscar**/**medalha de ouro**/apresentação **zoom**
e
flick

Cartaz de Sérgio Malta, vencedor do I Concurso Brasileiro
de Cartaz de Cinema, promovido pelo Clube de Criação
do Rio de Janeiro. Prêmio Jayme Cortez, oferecido pelo Banco Itaú.

DISTRIBUIÇÃO NACIONAL
CINEMA I

Fotolitos e
Impressão
GRAPHOS

65 デルス・ウザーラ
Dersu Uzala
ブラジル版　Brazilian Poster
910×637　Ⓟセルジオ・マルタ　Sergio Marta

⑥⑥ 影武者
Kagemusha
1980年4月26日　日本公開　Release date in Japan: April 26, 1980
東ドイツ版（1981年）　East German Poster (1981)
811×574　Ⓟオットー・クンメルト　Otto Kummert

67 影武者
Kagemusha
ポーランド版（1982年） Polish Poster (1982)
966×672 Ⓟヴァルデマル・シフィェジ Waldemar Świerzy

68 影武者
Kagemusha
ハンガリー版 (1982年)　Hungarian Poster (1982)
563×400

GEORGE LUCAS and FRANCIS FORD COPPOLA
present
A FILM BY AKIRA KUROSAWA

PALME
D'OR

Co-Winner Best Film
1980 Cannes Film Festival

Kagemusha
THE SHADOW WARRIOR

Twentieth Century-Fox Presents AN AKIRA KUROSAWA FILM · A TOHO-KUROSAWA PRODUCTION
KAGEMUSHA · THE SHADOW WARRIOR
Starring TATSUYA NAKADAI · TSUTOMU YAMAZAKI Co-starring KENICHI HAGIWARA
Executive Producers AKIRA KUROSAWA · TOMOYUKI TANAKA Directed by AKIRA KUROSAWA
Written by AKIRA KUROSAWA · MASATO IDE Music by SHINICHIRO IKEBE
© 1980 TWENTIETH CENTURY-FOX

M.A.P.S. Litho Pty. Ltd.

69 影武者
Kagemusha
オーストラリア版（1981年）　Australian Poster (1981)
712×345

70 影武者
Kagemusha
韓国版（1998年）　South Korean Poster (1998)
757×525
Ⓟ田村彰英（撮影）　Akihide Tamura (Photography)

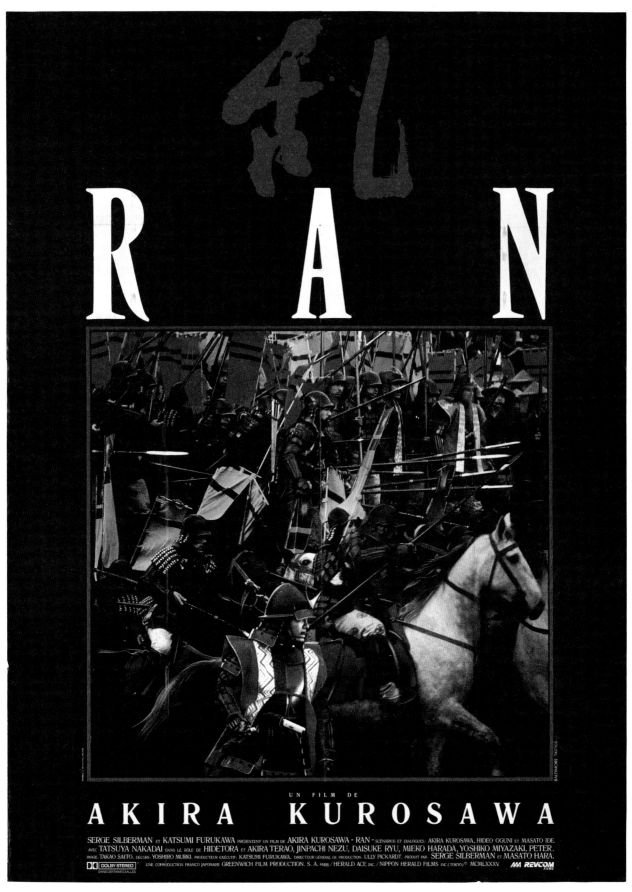

71 乱
Ran
1985年6月1日　日本公開　Release date in Japan: June 1, 1985
フランス版（1985年）　French Poster (1985)
1,585×1,174　Ⓟバンジャマン・バルティモール　Benjamin Baltimore

72 乱
Ran
ポーランド版（1988年）　Polish Poster (1988)
950×674　Ⓟアンジェイ・ポンゴフスキ　Andrzej Pągowski

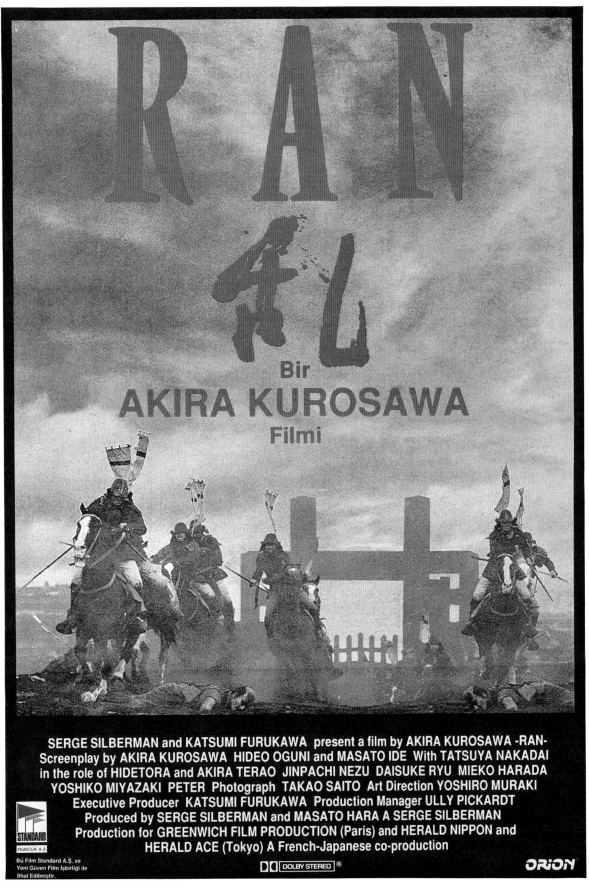

73 乱
Ran
トルコ版（1991 年） Turkish Poster (1991)
941×645

The past, present, and future.

The thoughts and images of one man…for all men.

One man's dreams…for every dreamer.

Akira Kurosawa's

DREAMS

WARNER BROS. Presents
An AKIRA KUROSAWA USA Production AKIRA KUROSAWA'S DREAMS
Produced by HISAO KUROSAWA and MIKE Y. INOUE
Written and Directed by AKIRA KUROSAWA

 夢
Dreams
1990年5月25日　日本公開　Release date in Japan: May 25, 1990
アメリカ版（1990年）　US Poster (1990)
1,026×687

Oydssey Distributors
presents an
Akira Kurosawa film
Rhapsody in August

Written & directed by
Akira Kurosawa

Sachiko Murase
Hidetaka Yoshioka
Richard Gere
Tomoko Ohtakara
Mie Suzuki
Mitsunori Isaki
Hisashi Igawa
Toshie Negishi
Choichiro Kawarasaki
Narumi Kayashima

Executive Producer
Toru Okuyama

Produced by
Hisao Kurosawa

From the novel
Nabe-no-naka
by
Kiyoko Murata

Produced by
Kurosawa Production

Presented by
Feature Film Enterprise 2
Shochiku Co., Ltd.

Rhapsody
in
August

A film by Akira Kurosawa

⑦ 八月の狂詩曲
Rhapsody in August
1991年5月25日　日本公開　Release date in Japan: May 25, 1991
イギリス版（1991年）　UK Poster (1991)
762×1,015　Ⓟアルバート・クー　Albert Kueh

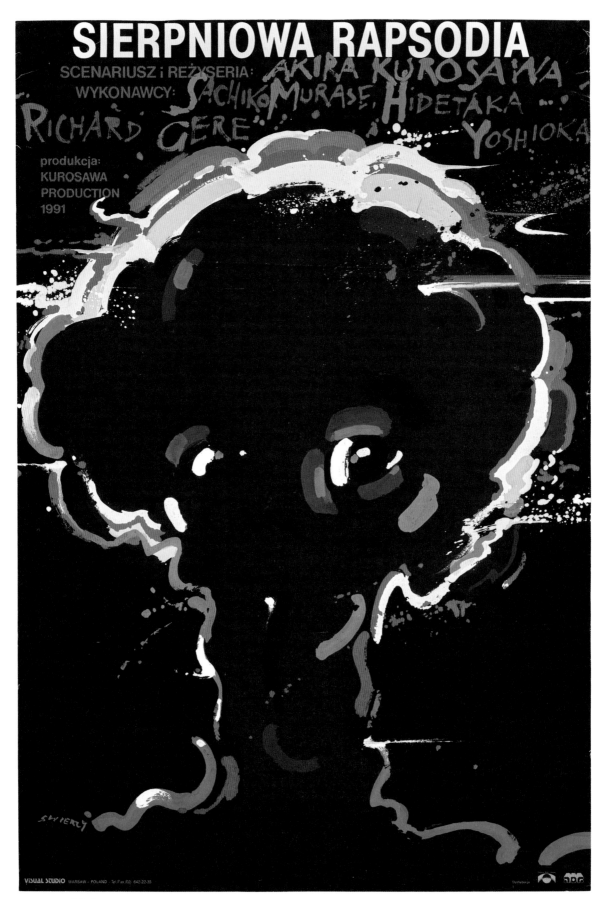

❼❻ 八月の狂詩曲
Rhapsody in August
ポーランド版（1994年）　Polish Poster (1994)
987×670　Ⓟヴァルデマル・シフィェジ　Waldemar Świerzy

"Kurosawa nous fait une nouvelle fois un merveilleux cadeau, son dernier film,... d'une poésie poignante et d'un sens aigu de la paix et de la joie de vivre..." Martin SCORSESE

KUROSAWA

MADADAYO

avec Tatsuo Matsumura/Kyoko Kagawa/Hisashi Igawa/George Tokoro/Masayuki Yui/Akira Terao/Asei Kobayashi/Takeshi Kusaka

scénario Akira Kurosawa d'après une histoire de Hyakken Uchida/image Takao Saito, Masaharu Ueda/lumière Takeji Sano/conseiller artistique Ishiro Honda/directeur artistique Yoshiro Muraki son Hideo Nishizaki/musique Shin'Ichiro Ikebe

costumes Kazuko Kurosawa/producteurs délégués Yasuyoshi Tokuma, Gohei Kogure/producteurs exécutifs Yo Yamamoto, Yuzo Irie producteur Hisao Kurosawa/produit par DAIEI Co., Ltd/DENTSU Inc/KUROSAWA PRODUCTION Inc.

co-produit par TOKUMA SHOTEN PUBLISHING Co. Ltd/distribué par LES FILMS DU PARADOXE avec la participation de la société UCOR

France Culture

まあだだよ
Madadayo
1993年4月17日　日本公開　Release date in Japan: April 17, 1993
フランス版（1995年）　French Poster (1995)
1,565×1,156　Ⓟ黒澤明（画）、ピエール・コリエ（デザイン）　Akira Kurosawa (drawing), Pierre Collier (design)

ZENITH CINEMA presenta un'esclusività ADRIANA CHIESA ENTERPRISES

Festival di Cannes 1993

un capolavoro di

AKIRA KUROSAWA
MADADAYO
IL COMPLEANNO

TATSUO MATSUMURA / KYOKO KAGAWA / HISASHI IGAWA / GEORGE TOKORO / MASAYUKI YUI / AKIRA TERAO / ASEI KOBAYASHI / TAKESHI KUSAKA
SCRITTO E DIRETTO DA AKIRA KUROSAWA . PRODOTTO DA YASUYOSHI TOKUMA/GOHEI KOGURE . PRODUTTORI ESECUTIVI: YO YAMAMOTO/YUZO IRIE .
ORGANIZZATORE: HISAO KUROSAWA .DALL'OPERA LETTERARIA DI HYAKKEN UCHIDA . CONSULENTE ALLA REGIA: ISHIRO HONDA .
FOTOGRAFIA: TAKAO SAITO/MASAHARU UEDA . ART DIRECTOR: YOSHIRO MURAKI . LUCI: TAKEJI SANO . REGISTRAZIONE: HIDEO NISHIZAKI .
MUSICHE: SHIN'ICHIRO IKEBE. COSTUMISTA: KAZUKO KUROSAWA

PRODOTTO DA DAIEI CO. LTD./DENTSU INC. /KUROSAWA PRODUCTION INC. UNA COPRODUZIONE TOKUMA SHOTEN PUBLISHING CO. LTD.

    DOLBY STEREO
IN TEATRI SCELTI ANNO EDIZIONE 1993/TUTTI I DIRITTI RISERVATI

I.G.E.

78 まあだだよ
Madadayo
イタリア版（1993年）　Italian Poster (1993)
1,395×982　Ⓟアンナ・モンテクローチ　Anna Montecroci

⑦⑨ オーストリア映画博物館 黒澤明監督特集（1976年）
Poster for Kurosawa Retrospective at Austrian Film Museum (1976)
838×593

AFFICHE ÉDITÉE GRACIEUSEMENT PAR LE G.I.P.S   IMP. SAINT MARTIN   RÉALISATION GRAPHIQUE BRUNO DUCOURANT   © F.I.F.A. KUROSAWA REPRODUCTION ET VENTE INTERDITES

⑧⓪ 第36回カンヌ国際映画祭公式ポスター（1983年）
Official Poster for the 36th Cannes International Film Festival (1983)
1,595×1,185
Ⓟ黒澤明（画）   Akira Kurosawa (drawing)

MAIRIE DE PARIS

水車小屋の老人

AKIRA
KUROSAWA
DESSINS

EXPOSITION DU 16 OCTOBRE 2008 AU 11 JANVIER 2009
Petit Palais
Musée des Beaux-Arts de la Ville de Paris
avenue Winston Churchill - 75008 Paris
Ouvert tous les jours de 10h à 18h, sauf les lundis et jours fériés - Nocturne les jeudis jusqu'à 20h
www.petitpalais.paris.fr

81 黒澤明デッサン展［フランス］（2008年）
Exhibition Poster "Akira Kurosawa Dessins" in France (2008)
1,758×1,185
Ⓟ黒澤明（画）　Akira Kurosawa (drawing)

THE CRITERION COLLECTION AND JANUS FILMS PRESENT

AKIRA KUROSAWA

"His ability to transform a vision into a powerful work of art is unparalleled."
—GEORGE LUCAS

"One of the greatest directors ever to work in the cinema."
—FRANCIS FORD COPPOLA

A CENTENNIAL CELEBRATION

82 黒澤明監督生誕100年記念 ［アメリカ］（2010年）
US Poster for "AK 100", centennial celebration of Akira Kurosawa (2010)
984×680

「言い切る」——ポスターに見る黒澤明の至芸

岡田秀則　Hidenori Okada

日本語という「異物」

　1951年のヴェネチア国際映画祭で、日本映画として初めて金獅子賞を受けた『羅生門』だが、この「ラショウモン」なる日本語の言葉はその場でどのように紹介されたのだろうか。芥川文学などほぼ誰も知る由もないヨーロッパの映画祭で、もし何の説明もなかったならば、羅生門があの映画に出てくる、半ばくずおれた門の名前であることさえ伝わるはずがない。それは未知の国の未知の単語でしかない。よって、プレス資料などの印刷物でいくらかの説明がなされたのだろう。もしそうでなければ、それこそ「藪の中」である。

　だのに、この映画は、映画祭で高い評価を得た後、配給されたほとんどの国で「ラショウモン」の題のまま公開されている。それは、未知の国に対する一抹のエギゾティズムでもあるのだろう。例えば、西ドイツでは "Rashomon–Das Lustwäldchen（羅生門　欲望の小さな森）" なるやや通俗的な題で公開されたという記録があるが、それでも「ラショウモン」は生き残った。映画祭の行われたイタリアでは、綴りがイタリア風に改変されていたことがポスターから分かる。題名は "Rasciomon"、監督は "Achira Curosawa" と綴られており、アルファベット「K」を日常で使わないイタリアらしさが出ている。当然三船敏郎の下の名は "Toschiro"、京マチ子は "Macico Ciyo"（「キョウ」自体の発音が困難だったのだろう）となり、非アルファベット使用国の固有名詞のアルファベット表記にまだ揺れがあった時代の痕跡をとどめている。それらは黒澤明がまだ「世界のクロサワ」になる前の道筋を端的に示している。だがここで「ラショウモン」と言い切り得たことが、後の黒澤の運命を決定的にしたとも言えるのだ。

　黒澤映画の世界的大躍進が、しばしばこの「日本語で言い切る」というメソッドに支えられていることは、すでに多くの人が気づいているはずだ。世界の映画ファンが、『用心棒』を "Yojimbo" として、『椿三十郎』を "Sanjuro" として、『どですかでん』を "Dodeskaden" として、『影武者』を "Kagemusha" として、そして『乱』を "Ran" として記憶しているのは、それらが国際的に公式題名となったからである。その題名が日本語で何を指しているのか、その説明さえ用意されていれば、いや何の説明もない未知の言葉であってもまったく差し支えない、という自信がこの背後にはある。さらに、遺作となった『まあだだよ』を "Madadayo" と書いた際に、これを外国人にどう説明するかは、上に述べた作品以上の難問である。しかし、だからといってそれを英語の "Not yet" のように「まだである」という意の外国語に訳しても、味も素っ気もないだろう。むしろそれは、当の映画さえ観れば、かくれんぼに擬した内田百閒先生と門弟たちのやりとりからすぐ分かることなのだ。題名も映画宣伝の一翼を担う以上、題名からインスピレーションを受けて映画を観るというのが本来の筋だが、そうではなく、作品に触れてみるまでは題名など謎のままでも構わない、むしろ「異物」であることを生きようという映画のあり方も、日本映画の中で恐らく黒澤だけが保持し得た神通力の賜物だろう。

　『生きる』の場合などは当初東宝による海外セールスの際に一度 "To Live" という英語題がつけられているが、いつしか使われなくなり、現在は世界の多くの国で "Ikiru" と呼ばれている。筆者もかつてドイツを訪れた際に、「イキル！」「イキモノノキロク！」と黒澤映画の題名を日本語で知っていることを誇らしげに語る映画上映団体の責任者に会ったことがある。黒澤映画は、『羅生門』の認知からずっと年代を下っても、その聞き慣れぬ言葉とともに、遠い極東の国への扉であり続けたのだ。

　そんな題名がいちばん勢いよく "踊った" 場所が、恐らくポスターという四角い紙の上だろう。黒澤作品の映画ポスターは、その題名も含めて、そうした海外諸国での黒澤映画の受容を雄弁に示している。まずいちばんに確認しなければならないことは、世界のこれほどの数の国や地域で公開されてきた日本映画の監督は他にいないということだ。そのことは、実に多くの国にわたるポスターの分布が教えてくれる。溝口健二や小津安二郎でさえも、この点では全くかなわない。ひょっとすると、第1作以来「ゴジラ」シリーズやSF映画の数々を手がけてきた本多猪四郎監督も、作品が世界中に輸出されたという意味では黒澤にかなり比する存在かも知れない。東宝撮影所において若き黒澤の助監督仲間であり、黒澤の晩年の作品では監督補佐も務めた本多が、その後に「職人」を超えた映画作家としての評価を得たことは、『夢』のゴッホ役で来日したマーティン・スコセッシ監督が、撮影後に駆け寄って深い敬意を示したことからも分かる通りだ。しかしそれは、本多を介した怪獣映画というジャンル全体への敬意でもあり、黒澤のような脚光の浴び方とはやはり異なるのである。

題字の強度

　それでは具体的にポスターと題字を見てみよう。黒澤映画の題名には、短く直截的なものと、必ずしもそうではないものがある。前者の中には、上に述べたような日本語の言葉をそのまま使ったものの他にも、『七人の侍』（英語題 "Seven Samurai"）、『天国と地獄』（英語題 "High and Low"）、『赤ひげ』（英語題 "Red Beard"）や『夢』（英語題 "Dreams"）のような、翻訳されてもシンプルな力強さをたたえているものが多い。ここでも「言い切りの美学」といったものが感じられる。ドストエフスキー原作の『白痴』（1951年）のような原作に由来する題名（英語題 "The Idiot"）でさえ、シンプルで直截的という点ではほぼ「クロサワ化」していると言ってよい。

94

その意味で、『生きる』のアルゼンチン版のポスター(cat.no.19)は、そのシンプルな強さを代表するものだろう。日本での宣伝でもおなじみの、志村喬の悲哀に満ちた後ろ姿とクロースアップの顔を中央で重ね合わせ、右に志村が演じる男の立場を踏まえたのだろう「私は美しい思い出を自ら抱えることなしに死にたくはない」という言葉を加えつつ、下部には「生きる」を意味するスペイン語動詞"VIVIR"を赤く太々と示している。アルゼンチンでは"IKIRU"にはならなかったようだが、この時、この直截的な題名は、紙の上でこれ以上ないほど強力に活かされている。またキューバ映画ポスター界の名匠エドゥアルド・ムニョス・バッチによる『赤ひげ』のポスター(cat.no.54)も、小石川養生所の所長新出去定を演じた三船敏郎の赤い顔(「ひげ」というより顔全体を鮮やかに赤くしている)をどっしり中央に据え、"BARBA ROJA"というスペイン語題名を大きくその上に冠したデザインが、紙のくっきりとした白さとも相まってビビッドな印象を残している。黒澤映画の与える重厚でありながらストレートな感覚が、土地柄や文化の違いを乗り越えて的確に受容された例だろう。

題名の印象の強さでは、カルラントニオ・ロンジによるイタリア版の『蜘蛛巣城』(cat.no.35)も特筆に値する。まずイタリアでは、映画ポスターにはデザイン以前に絵画としてのクオリティが重視される伝統があり、ここでも、降り注ぐ無数の矢に恐怖の表情を浮かべる三船敏郎の姿が異様なほどのインパクトを与えている。この画像自体は、おそらく日本から提供を受けたスチル写真よりモチーフを拝借したものだが、ポスターの迫力はそれ以上に達している。だがそれだけでなく、その下に黄色く書かれた"IL TRONO DI SANGUE"(=「血の玉座」。世界共通の『蜘蛛巣城』の外国語タイトル)も、その凜とした佇まいにおいて、その強烈な図像に負けることなく拮抗している。イタリアの映画ポスターでは黄色い題字は血なまぐさい犯罪の暗喩であるが(のちにイタリア産ホラー映画は「ジャッロ=黄色」と呼ばれるようになる)、こうした図像と題字の濃密な対抗関係が、緊張に満ちたこの黒澤作品の世界を優れて体現している。

デザインによる列聖

一方で、こうした黒澤映画の題名のパワーに依拠せず、むしろそれらの作品が映画芸術における世界的な高峰の列なりの一角をなすことを、あくまでデザインの力で示そうとするポスターも存在する。例えば、英国ロンドンの映画館アカデミー・シネマ専属のポスター作家ピーター・ストロスフェルドによる『七人の侍』のポスター(cat.no.20)は、まさにその好例だろう。アカデミー・シネマは長くアート・フィルムの上映館として定評を得てきたが、ポスターについては1947年から1980年までの33年間にわたってストロスフェルドを雇い続け、コンスタントにポスターを制作させてきた。こうした例は世界的にも稀であるが、限られた色数ながら手作り感のある歴代の「アカデミー・シネマ・ポスター」はその定型を活かした作家性によって一枚一枚が個々のフィルムの芸術性を顕彰する役割を持つとも言え、いまや収集家の間での人気も高い。

西ドイツの映画ポスター界の泰斗ハンス・ヒルマンも、そのデザイン性の高さから、それぞれの映画の価値を高める役割を果たしてきた(詳細は「NFCニューズレター」第130号〈2016年〉所収の拙稿「ハンス・ヒルマン、映画を一枚の紙に収めた人」参照)。1952年の初公開時のポスター(cat.no.2)に比べ、1959年に作られたヒルマンの『羅生門』のポスター(cat.no.1)では、まったく題字を大きくしていない。むしろ、ポスター画面を横切る3本の水平線によって、登場人物の言い分が食い違うこの作品独自の話法がシンボライズされているのが特徴であり、一歩先へ進んだ黒澤映画への理解が読み取れる。またヒルマンは、『七人の侍』に対して、縦238.5センチ、横332.4センチとなる8枚組の特大ポスター(cat.no.21)を制作しているが、そこで繰り広げられているのも、色分けされた侍たちと野武士たちの大乱闘の姿である。ヒルマンは紙の上に映画の構造を表現することで、黒澤への敬意を示そうとしたのである。それは、いかなるエギゾティズムにも与しないという決然とした態度でもある。

題字への依拠を否定するという点では、アメリカ版の『用心棒』(cat.no.46)も例として挙げてよいだろう。いかにもアメリカのポスターらしい新聞・雑誌からの賞賛の文句を並べる手法こそ残っているものの、題字"Yojimbo"だけでなく、黒澤や三船の名前の示し方さえかなり控え目であり、もはや勢い中心の宣伝は不要だと言わんばかりのスマートな遇し方である。この国における黒澤作品のポスターとしてこうした手法は珍しく、黒澤映画のアメリカ製ポスターの最高作と呼べるだろう。

世界30か国の黒澤作品のポスターからなる展覧会「没後20年 旅する黒澤明」は、黒澤明研究家の槙田寿文氏による長年の収集活動がベースになっている。これらポスターが一堂に会することで、黒澤作品が世界の映画ポスター作家にとって格好の実験場であり、受けた衝撃も甚大であったことに、私たちはようやく気づき始めた。太い作品世界を生み出す豪快な演出を持ち味として、黒澤映画はしばしば題名を大きな武器としてきた。世界へのお目見えとなった『羅生門』以降、巨匠としての格を身につけながら切れ味を増していったその「言い切り」の美。その尽きせぬ魅力を、ポスターを通して味わうことのできる時代を、現在の私たちは生きているのである。

(国立映画アーカイブ主任研究員)

*本稿は「NFAJニューズレター」第1号(2018年)からの転載です。

Kurosawa over America

槙田寿文　Toshihumi Makita

はじめに

　1951年9月10日、この日は世界の映画史にとって記念すべき日となった。黒澤明監督の『羅生門』がヴェネチア映画祭で金獅子賞（グランプリ）を受賞したのである。極東の敗戦国（当時はまだ占領下でさえあった）から突如現れた『羅生門』は正に「衝撃」であり、その後の世界の映画界に影響を与え続けるAkira Kurosawaの鮮烈な登場でもあった。同時にこの快挙は、日本映画界の国際化と黄金の50年代の始まりでもあった。Kurosawaの影響力の大きさと、日本映画にとってこの時代が黄金の50年代であったことは、2018年秋に英国BBCが世界43カ国209人の映画研究者・評論家に行った世界史上の非英語映画TOP100選出アンケートの結果でも示されている。『七人の侍』が堂々の1位、小津安二郎監督の『東京物語』（1953年）が3位、『羅生門』が4位とTOP10の上位に50年代の日本映画3本が入った。ちなみに、TOP100には日本映画は11本入り、その内7本が50年代、黒澤明は監督個人として最高の4本がランクインしている（他の2本は『生きる』と『乱』）。

　本稿は、今日まで続くKurosawaの評価の土台をつくった、米国における黒澤作品とKurosawaの受容の過程を概観するものである。

第1章　『羅生門』の衝撃

『羅生門』の公開

　『羅生門』の出現は大西洋を挟んだ米国でも注目され、ニューヨーク・タイムズが10月21日に『羅生門』の受賞について日本の映画産業の状況や黒澤明の映画界における活躍ぶりなどと共に紹介している。しかし、この記事は社会面における紹介であり作品の批評ではなかった。そこには日本映画界が今後日本映画の輸出に期待していること、黒澤明が毎年ベスト5に入る作品を発表し続けていること等が書かれていた。日本は年間200本以上の映画を製作し、人件費は米国の10分の1、『羅生門』の製作費は14万ドルであったとも書かれている。

　噂が先行していた『羅生門』は、年末のニューヨークで遂にそのベールを脱いだ。

　1951年12月26日、マンハッタンの57丁目、カーネギーホールに隣接するリトル・カーネギー（Carnegie Theatre）で公開されたのである。1928年にオープンしたこの劇場のリニューアル・オープンの最初の作品でもあった。

　『羅生門』を配給公開したのは、RKOレイディオ・ピクチャーズ（RKO RADIO PICTURES）である。当時の5大メジャー映画会社の一つで、『キング・コング』（メリアン・C・クーパー、アーネスト・B・シェードザック監督、1933年）や『市民ケーン』（オーソン・ウェルズ監督、1941年）の製作で知られている。ヴェネチアでの受賞から僅か3カ月での公開であることを考えると、映画の購入・公開は即断即決であったと思われる。受賞から公開までの短いタイミングで『羅生門』がリトル・カーネギーのリニューアル・オープンの柿落としとなったのは、金獅子賞効果とRKOの看板としてであろうか。

ニューヨーク・タイムズの影響力――キングと呼ばれた男

　この時代、ニューヨークの言論界ではニューヨーク・タイムズが圧倒的な影響力を持っていた。とくに芸術分野では生殺与奪の権利を握っていたに等しかったようである。ブロードウェイの楽屋裏を扱った映画には、ニューヨーク・タイムズ朝刊に掲載される初日の劇評を徹夜して待つ関係者のシーンがよく出てくる。小澤征爾と村上春樹の対談をまとめた『小澤征爾さんと、音楽について話をする』（新潮社、2011年）の中で、1960年頃のニューヨークの状況として「音楽評にせよ演劇評にせよ、ニューヨーク・タイムズってものすごい影響力がありましたよね」（村上）、「そう。今はどうなっているか知らないけど、その頃はとっても影響力が大きかったです」（小澤）と語られている。

　映画批評界においては、キングと呼ばれる男がニューヨーク・タイムズの映画批評を担当していた。ボスリー・クラウザー（Bosley Crowther）である。1905年生まれのクラウザーは1940年から27年間、映画批評の中心人物として君臨した。日本なら一時期の朝日新聞の津村秀夫あたりが該当するのであろうか。ニューヨーク・タイムズとクラウザーに関しては、黒澤明研究会誌16号での大平和登（ニューヨークにあった東宝シネマ初代支配人。後述）へのインタビューで以下のように触れられている（以下、抜粋）。

> やっぱり決定的なキャスティングボードを握っていたのは、ニューヨーク・タイムズですよね。ニューヨーク・タイムズが褒めたっていうと、1紙だけ褒めても通用するわけですよ。ニューヨーク・タイムズはけなしたけれども、他が全部褒めるっていうことが結構あるわけですよ。しかし、そのくらいニューヨーク・タイムズの、特に映画とかミュージカルとか演劇に関する芸術的な評価に関して、ニューヨーク・タイムズのプレステージっていうのは高いわけですね。
>
> だから、みんなそれを、「ニューヨーク・タイムズの評判はどうなの」って、すぐ、業者が聞くわけですよ。「実はこういう批評がありますが」「これならいいじゃない」っていうのが、ウォルター・リード（有力配給会社）が最初に黒澤映画を買ってくれたきっかけで、それは全部ニューヨーク・タイムズ様々なんです。
>
> （前略）ボスリー・クラウザーさんっていうのは、僕に言わせると、少し、ちょっと変な、異常な人だなっていう感じはありましたね。あんまり常識的じゃないんですよ。非常に個性的で、自分の独特な……。（中略）自分の意見が非常に強い人で、ちょっとみんながびっくりする。だから、それに反対する、もっと常識的で知的な人たちは全員が反対するっていう批評が、結構いっぱいあるわけです。

　大平和登はインタビューの中で、ニューヨーク・タイムズは試写会には現れず、基本的に公開初日の第1回を観に来て、それから批評を書いていた、つまり公開翌日に批評が掲載されるわけであるが、「正式に公開された作品が初めて正式に批評される、それは観客と同席することだという規則を、社則として持っていたのでしょう」と述べている。

　大平は、映画のセールスに影響を与えるクラウザーの批評に神経を尖らせていた。筆者は大平から直接面白いエピソードを聞いている。ある映画の初日に大平がクラウザーと一緒に観ていたら、明らかに1巻

ボスリー・クラウザー

（ロール）飛ばして上映されたので、後日、大平が劇場オーナーに問い質したところ、オーナーはわざとやったのだと回答した。理由は、クラウザーに批評でけなされると致命傷になる、従って、彼が気に入らなさそうなシーンがある巻を飛ばしたとのことであった。褒められなくても、けなされなければ良いという考えだったらしい。観客もたまったものではないし、そんな小手先が通用する相手とも思えないのだが……。大平は、どこを飛ばせばよいかという高度（？）な助言が出来るのはトム・ブランドン（後述）だけであったろうと語っていた。クラウザーとブランドンの影響力の大きさを示す興味深いエピソードである。この時期、ヴィレッジ・ヴォイスで映画評を担当していたジョナス・メカスは、ニューヨーク・タイムズとクラウザーの権威とその保守的な姿勢に批判を繰り返していた。しかし、クラウザーは40年代、50年代にはリベラルな批評姿勢を貫き、赤狩りに反対し、ブラックリストに載せられた人物でもあった。外国映画を擁護し、ロベルト・ロッセリーニ、イングマール・ベルイマン、フェデリコ・フェリーニ等を偏愛していた。『羅生門』に対しても素晴らしい批評を書いている。ただ、好みが激しく、クラウザーがどのような批評をするかは全く予断を許さなかった。例えば同じ黒澤作品でも、『蜘蛛巣城』には批判的であった。

1960年代半ばになり時代に対する鋭敏性を失ったのではないかと言われたクラウザーは1967年限りでニューヨーク・タイムズの映画担当を降ろされるが、その理由として取り沙汰されたのが、『俺たちに明日はない』（アーサー・ペン監督、1967年）を徹底的に批判したことであったと言われる。映画1本の批評で担当を降ろされると言うのは、ニューヨーク・タイムズ及びクラウザーの影響力と『俺たちに明日はない』という映画が社会に及ぼした影響の両方を語って余りあるエピソードだと言えるであろう。

ニューヨークを席捲する『羅生門』

映画批評界の"キング"であるクラウザーの『羅生門』の批評は、原則通り公開日の翌日である1951年12月27日にニューヨーク・タイムズに掲載された。（以下注記なきものは拙訳）

好奇心をそそる日本映画
"羅生門"、再建されたリトル・カーネギーでの最初の上映作品

魅力的かつ快適な環境の中で、通常の作品とは違った映画を鑑賞したいと望んでいる人々の2つの願いをかなえることが、昨日、日本映画『羅生門』の上映により再オープンした再建されたリトル・カーネギーで可能となった。ここでは上映作品と劇場とが、映画と建築における芸術性の素晴らしい結合の中で、適切かつ興味深く調和しており、双方の分野で愛好者の知性と嗜好に刺激をあたえている。

『羅生門』は、この秋、突然ヴェネチア映画祭に登場して、グランプリを獲得し多くの興奮を呼んだ。それは従来の劇映画の概念ではその価値を評価することの出来ない、独特でエキゾティックな芸術的偉業であった。我々が慣れ親しんできた作品とは全く異なり、表面的には、人間の冷酷さの中に何かしらの意味・理由づけを見出そうとするまなざしで、4つの異なった視点からドラマティックな事件を注意深く観察していくシンプルな作品である。

（中略）

最後には、3人の男たちは当初よりさらに混迷の度合いを深めることになったが、杣売りの、保身のための嘘の証言をしていたという証拠があるにもかかわらず、捨て子を引き取り、育てていこうとする意思の中に、人間の魂への幾ばくかの希望を見出すことができる。

先に述べたように、物語における事件は1つだけであり、慣習的な筋書きを欠いた上に、物語（作り話）に集中しているため、演技は繰り返しが多くくどいという印象を受けるかもしれない。にもかかわらずこの映画――"過去の寓話のスクラップ"は、好奇心を掻き立てずにはいない緊張感と人をつき動かす荒々しい衝動という忘れがたい感覚を浮かび上がらせる。

この映画の偉大なる点――"疑いようもない催眠術のごときパワー"は黒澤明監督が駆使したカメラによる素晴らしい映像美から引き出されている。撮影は秀逸であり、映像の流れは筆舌に尽くしがたく表現力に溢れている。音楽も音響効果も素晴らしく、全ての出演者の演技は正に刺激的である。京マチ子は妻役として美しく生き生きとした演技をしつつ、その反面深い謎を秘めた物狂おしさを伝えている。三船敏郎は恐ろしいほどの野性味と激しい残忍性を持つ山賊を好演している。森雅之は夫役として氷のように冷淡であり、その他の出演陣も各自の役柄をわきまえ、力量をもって演じている。

この映画が現代にとって適切であるか否か――陰鬱なシニシズムと希望への最終的な希求が日本の現代人の気質を反映しているのかどうか――はわからない。しかし、疑いの余地なく、スクリーン上における人生の一断面の芸術的で魅惑的な表現であるとは言える。

クラウザーの批評は適切であり、『羅生門』を高く評価していることは間違いないが、その批評にはどこか今一つ踏み込めない迷いも感じられる。それを裏付けるように、クラウザーは年が明けた1952年1月6日、『羅生門』について2度目の批評を出している。

日本からの逸品
『羅生門』は稀有な映画芸術

つい先日の休日に起きた、日本映画がその年の優れた映画作品のひとつとして選ばれるという前例のない快挙が、特にこの地域（ニューヨーク）において非常な驚きをもって迎えられ、1952年のこの最初のレポートでの独占的検討に値する関心を呼び起こすこととなった。

問題の映画『羅生門』が、このコーナーの昨年の最優秀外国語映画賞としてノミネートされたことは、先週、簡単に言及した。さらに以前、このコーナーの読者には、『羅生門』が昨年秋のヴェネチア映画祭で出し抜けにグランプリを受賞したこともお知らせした。しかしながら、これらの記事では、この際立って非凡な映画の奇妙で心をかき乱されるような魅力を完全に、あるいは、十分に伝えることができなかった。なおかつ、我々は今回のコーナーも結果的に不十分なものとなってしまうのではないかという不安な気持ちを抱いている。

――ひとつのエピソード

これまでに見慣れた他のどんな映画とも相違点があるために、この映画の特質を明確に述べることは難しい。映画でのストーリー・テリングがもっぱら形式的な作劇においては話を前に進めること（あるいは、背景説明）に限定されるのに対して、この映画の物語の結末は1つのエピソードから発展する――それは、いくつかの見解から考察される"暴力行為"である。また、ほとんどの映画の主な目的は純粋な感情を刺激することであるが、奇妙なことに『羅生門』においては頭脳の荘重なまでの攪拌がその狙いなのである。

（中略）

――分析

おわかりのように、ひとつの出来事をさまざまに証言していくとい

うこの映画は従来の"物語"映画の秩序からはかけ離れている。詳述される事件は題材としては内容が不充分でしかも4回くり返されるため、従来の鑑賞習慣にとらわれていると飽きがくる傾向がある。実際、すぐに通常のプロット展開とサスペンスを期待するのを諦め、奇妙な分析的アプローチの中に新たな難解な刺激を見つけようとする心の準備をしていない観客はすぐに飽きてしまうであろう。

芸術として構成されたこの映画の素晴らしさは、黒澤明監督の持つ傑出した技量と知性とにある。映像の頂点に達している黒澤は、撮影表現の美しさと優雅さ、力強く、かつ繊細な絵画的効果を用いた手際良い手法で観る人の心を打つ。より注意深い人は、主張を伴う慎重な（時としては音楽のない）音響効果を楽しむ。しかし、最も観察力が鋭く繊細な人は、その巧みな内容と役柄にこめられた意志を読み取り、その意外な事実から人間の奥底にある邪悪さを示唆されることになる。

我々は監督の主題とする傾向とスタイルをより完全に理解するために出演者の技量にももっと注目する必要があろう。言語は日本語（英語版の字幕）、コスチュームもキモノだが、『羅生門』はそのモラルについての感覚及び理念においてコスモポリタン的である。しかしながら、この映画で再度紙面を割くことは難しい。ぜひ映画を観て欲しい。楽しむためには2度観る必要がある。リトル・カーネギーにて上映中。

クラウザーは、興奮冷めやらずの態で『羅生門』へのアプローチを試みているが、それでも自身がこの映画のことを本当に掴めているかどうか自信が持てないようでもある。とはいえ、"キング"と呼ばれる批評家にこれだけのことを言わしめる『羅生門』は正に衝撃であった。

同じ日のニューヨーク・タイムズには、「日本のトップ監督の紹介」という記事が掲載され黒澤明が大きく紹介されている。『羅生門』の公開後、日本駐在員が取材をしたようである。

日本のトップ監督の紹介

『羅生門』の監督は、雇い主である映画会社の芸術的無神経さに追従するような人物ではない。もしこれがブロードウェイの職人によるハリウッドに対する不満に、太平洋のむこうから同調しているように聞こえるのであれば、まさにその通りである。黒澤明は根っからの芸術家ではあるが、彼の言うところの"映画製作に対する科学的アプローチの必要性"に対して無感覚というわけではない。彼の答えから察するに彼は普通とは違っているようである。

戦後の日本映画として初めて金獅子賞を受賞した黒澤の『羅生門』がニューヨークのリトル・カーネギーで公開されているが、彼は受賞に対する様々な発言を、質問もコメントもせずに受け入れた。しかし彼は現在の日本の映画監督に対して言いたいことについては準備をしていた。「我々日本の監督は小さな成果を狙うあまり、スケールが非常に小さい。我々はもっと大きなテーマを取り上げねばならないし、失敗を恐れてはいけない。日本の監督には勇気がない」「彼らは互いを模倣するあまり、発想力が足りない。その上、彼らはこの状況を恥じていない。こうした傾向は、新しい動きを懸念する経営陣によって助長されている」

黒澤明の信条

日本の批評家は彼の映画には勢いはあるが、雑で粗野で不完全だと評した――黒澤はこういった批判が出ることを前もって予期していたようである。彼は無声映画の終わりとテクニ・カラーの進歩以来、映画がますます複雑化していることに気付き、表現方法はより単純でなければならないと考えた。最近の映画のストーリーは数本の長篇を除いて、あまりにも些細に語られているという意味かという問いに対

して、彼はそういう一面もあると答えた。通訳を介してでは自分の意図することを正確に説明するのは難しかった。「例を挙げると？」という問いかけに、黒澤は「そうだな、『イヴの総て』は込み入った映画だ」と、答えた。「シンプルなアメリカ映画についてはどう思うか？」との問いかけに黒澤は少し考えた後、「私はどのアメリカ映画もシンプルな技法を使用しているとは思わないが、イタリアのロベルト・ロッセリーニは簡略化を試みていると感じている」と答えた。それは無論、黒澤が『羅生門』で用いたオール野外撮影という技法であった。

黒澤は、日本人は彼のテーマを理解しなかったが、西洋では受け入れられたことが嬉しかったと述べた。黒澤と橋本忍は脚本を芥川龍之介の後期の作品から書きおこした。芥川は問うている。「真実はあるのか？ この真実は人間の心で理解できうるものか？ もし真実があるとすれば、人の利己心が真実を理解する妨げにはならないのか？」この点に関して小説家と脚本家は意見が一致している。だが黒澤はさらに踏み込んだ。悩んだ末、彼は我々が人の良心を信じ善良さの中に信頼を見出すことを願った。これが、黒澤が原作では登場しない杣売りが捨て子を引き取り育てようとする最後のシーンを加えた理由である。

黒澤明のよそ行きの発言のように感じられもするが、同時代の監督たちへの辛辣な意見は、この発言が翻訳されることはないという前提に立っているのであろう。いずれにしろ、『羅生門』の成功は、黒澤明を世界が最も注目する監督の一人に押し上げたことは間違いない。

エドワード・ハリソンと日本映画

クラウザーによる批評もあって、『羅生門』は大ヒットし15週のロングランとなった。この時、『羅生門』を観て外国映画の配給を志す男が現れる。エドワード・ハリソン、この時すでに48歳。ニューヨークの名門大学であるコロンビア大学を卒業後、映画のプレスや編集関係の仕事をしていたが、『羅生門』を観て感激し、外国映画の配給業に乗りだすことを決意する。既に若くはない年齢での新たな事業への挑戦には勇気が必要だったと思うが、『羅生門』にはそのように人を惹きつける力があったのだろう。1954年、エドワード・ハリソンは51歳で自身最初の2作品を配給する。1作目は『雨月物語』（溝口健二監督、1953年）、2作目は『地獄門』（衣笠貞之助監督、1953年）。ハリソンは、大映の永田雅一社長と交渉し、利益を折半する契約を結ぶ。宣伝費5万ドルを費やし、興行収入は50万ドルを目標とした。ハリソンの役割は、配給元となって全米の各地区の配給業者に作品を売り込んでいくというものであった。ちなみに『雨月物語』のニューヨーク公開は、プラザ劇場で2カ月のロングランとなった。そして1957年、ハリソンは念願の『羅生門』の配給権を買い取る。

ハリソンは、その後、サタジット・レイ監督の大河3部作などの配給を手がけ、外国映画配給で名を残し、1967年に64歳で亡くなった。活躍した期間は、1950年代半ばから60年代の初めという短い期間ではあったが、日本映画の国際化に寄与したことは間違いない。特に大映作品の公開に尽力すること大であった。

『羅生門』のポスター

『羅生門』は興行的に成功したが、ポスターには京マチ子や三船敏郎の名前はあっても黒澤明の名前は入っていない（cat.no.8）。ポスター制作の時点では、Kurosawaの名前は興行的には全く意味がなかったということであろう。その状況は、アカデミー賞外国語映画賞（当時は名誉賞）受賞後に制作されたバージョンでも変わっておらず、Kurosawaの名前は見当たらない（cat.no.9）。

こうした状況はヨーロッパでも同様であった。1952年の西ドイツ版『羅生門』のポスター（cat.no.2）にはKurosawaどころか俳優の名前も入っていない。それどころか、ポスターデザインには映画に全く関係のない

五重塔が描かれている始末である。当時の日本のイメージなのであろう。1953年のスウェーデン版も俳優の名前はあるがKurosawaはなく、デザインは浮世絵のイメージである (cat.no.4)。ポスターへのKurosawaの登場は『七人の侍』まで待たなくてはならない。

第2章 『七人の侍』の海外展開

ニューヨーク公開

　1956年11月19日、『七人の侍』はマンハッタンの中心にあるロックフェラー・プラザに面したギルド劇場 (Guild 50th) で封切られた。公開された劇場のロケーションからして、堂々たる公開である。配給会社はコロンビア映画であった。正確にはコロンビア映画提供、キングスリー・インターナショナル (Kingsley International) 配給ということになる。キングスリーはコロンビアの外国映画専門配給子会社であった。買付資金はコロンビアが出し、全米公開をキングスリーに担当させたのであろう。前年の1955年11月14日の読売新聞夕刊には、来日したコロンビア映画社長が記者会見で、「最近外国映画を全米に配給するための専門部門を設置したほどで、今後優秀な日本映画もぞくぞくアメリカ本国に送りこみたい」と述べている記事が掲載されている。

　『七人の侍』の米国での公開については、面白いエピソードが残っている。この映画を米国での配給元であるコロンビア映画に紹介したのは、『ピクニック』、『サヨナラ』の監督であるジョシュア・ローガンだというのだ。休暇で日本に来ていたジョシュア・ローガンが『七人の侍』を観て気にいりコロンビア映画に紹介したというのである。このエピソードは、1982年に公開された『七人の侍』完全版のプレスに書かれている。

　ジョシュア・ローガンは歌舞伎をはじめとする大の日本文化贔屓であり、1951年以来度々来日していたが、偶然『七人の侍』を観たのであろう。ただし、ジョシュア・ローガンの観たバージョンが初公開時の完全版なのかヴェネチア国際映画祭からの凱旋興行で使われた海外版なのかは不明である。

フィルム・カルチュア誌

　映画研究誌「世界映画資料」1958年7月号によれば、ニューヨークでの一般公開直前に発売されたと思われる映画理論誌フィルム・カルチュア (ジョナス・メカスが1954年に創刊) 1956年第4号に、ジェイ・レイダとジョナス・メカスによる『七人の侍』の批評が掲載された。「世界映画資料」編集者の山田和夫はレイダ評に対する解説の中で、フィルム・カルチュア誌社説欄に掲載された編集長ジョナス・メカスの短評を紹介して、「『七人の侍』が欧米にまきおこした感動の一面を、もっとも美しく記録した文章の一つとして、レイダのエッセイとあわせて、ここに紹介することとした」と記している。

　また、ジェイ・レイダに関しては、「1954年にすでに英『サイト・エンド・サウンド』誌に『黒澤明論』を発表しているので、海外に於ける日本映画研究の先駆者の一人とも言える」と紹介している。レイダは、エイゼンシュテイン研究で高名な研究者である。

> **ジョナス・メカスの評 (抜粋)**
>
> 　新しい日本の叙事詩『七人の侍』の最後に忘れることのできない場面がある。老武士が出発にあたって道にたゝずみ、彼が解放されるのを助け、いま村人たちが畑で幸福に唄いながら働いている村をふりかえる。これは言葉のないきわめて単純な映像である。背景には死んだ侍たちの墓がならび、畠で働く人たちの歌がながれ、賢明な老武士がふりかえる。それは現代映画にあらわれた最長のクローズ・アップの一つだが、私たちがそれを見る時、全然長くないのだ。この長い、長い時間、私たちは農民たちとともに、老武士とともに考えている自分を見出す。(中略)
>
> 　私たちはこの長いクローズ・アップを見ている間、ある奇妙な感情を経験する。それは、ゆっくりと、一歩一歩、それが提示しようとしてきた生活の核心そのものに、私たちを投げこむことに成功してきた映画からだけ生れる思慮深い反省である。そしてそれが芸術なのである。(小山秀子訳)

　山田和夫が指摘するように美しく、そして深い洞察力に満ちた一文である。

> **ジェイ・レイダの評 (抜粋)**
>
> 　この映画の異例の長さ (一五八分) を考える時、その中に一つとして不要な場面が無いと云う事は驚異的である。どのショットにもゼスチュアにも蛇足はなく、全体の緊張感の盛上げに役立たぬ様なものは目くばせ一つとして存在しないのである。
>
> 　この作品の美しさは全くそれ自身のものであって、黒沢の前作とも他の日本映画とも少しも似ていない。それはアクチュアリティの美、具象の美、いろいろな表情の下にひそむ思想と、身振動作の裏づけとなる理性の美しさなのである。こういう独特な美を生み出すにはいわゆる「写真美」で人を驚かせる以上の手腕が無ければならない。この点で黒沢のスタッフとキャストは彼と共に賞讃されるべきである。(以下略)

　レイダは、『七人の侍』が持つ映像そのものの力を正確に捉え評価している。当時、『七人の侍』の映像に関してここまでしっかりした批評をした批評家・研究家はいないのではないだろうか。さらにレイダは、ここから禅の思想に触れ、

> この映画のスタイルまでがこの独特な日本の倫理を反映している。即ち技巧を表面に出さずにかえって効果を強めると云う技巧を用いている。恐らくこれは映画が「技巧のない技巧」の最も近くまで達し得た一例であり、日本の最高の芸術遺産に流れる禅の思想に通ずるものである。
>
> 　(中略) 黒沢の作品は見なおす毎にいよいよ意味を深めるものだと云う事を私は立証する事が出来る。

と日本文化への深い理解を示したレイダは、当時、「黒沢の作品は見なおす毎にいよいよ意味を深めるものだと云う事」を理解していた日本の評論家は稀有であったことを考えれば、その映画芸術への理解の深さは明らかである。

> 　常に明瞭で力強い話法が用いられているにもかゝわらず (作戦と戦闘の有様の表現の鮮かなこと！) この映画の中に単純と呼べる様な部分は一つとして無い。(中略) この作品の普遍性の中にこそ、日本の生活と思想が、このとてつもない国からやって来る他の何物を通じるよりも、充分に理解されるのである。

　レイダはこのように評論を結んでいる。さすがに、欧米でいち早く黒澤明論を著した人物である。黒澤映画が持つ普遍性を良く理解しており、その普遍性が物事を具現化・具象化する際の黒澤明の芸術家としての力量から来ていることをはっきりと認識している。メカスとレイダの評を読むと、米英の映画研究者の映画と異国の文化に対する深い洞察力に驚かされる。

The Magnificent Seven

『七人の侍』の最初の米国公開題名はSeven Samuraiではなく*The Magnificent Seven*であった。1960年に『七人の侍』をハリウッドでリメイクした『荒野の七人』(ジョン・スタージェス監督)の原語題名と同じである。『荒野の七人』の原語題名*The Magnificent Seven*(「素晴らしき七人」とでも訳すのだろうか)は何かピンと来ない原題だなと以前から思っていたのだが、題名に関しては忠実なリメイクであったということになる。米国で*Seven Samurai*という題名が使われ始めるのは、『荒野の七人』が米国で公開されて以降のことだと思われる。

クラウザーの批評

批評界の"キング"、ボスリー・クラウザーの『七人の侍』評は、例によってニューヨーク・タイムズの原則通り、公開日翌日の1956年11月20日に掲載された。

> エキゾチックで魅惑的な映画『羅生門』を監督した黒澤明が、5年の時を経て、『羅生門』同様の映画的素晴らしさを持ちながら、それとはまた違った、対照的なジャンルに属する並外れた作品を発表した。*The Magnificent Seven*(海外では*Seven Samurai*)という映画がそれであり、昨日よりギルド劇場で公開されている。
>
> このただならぬ作品を簡潔にまとめるならば、我が国で人気のある『真昼の決闘』と文化的比較が可能な作品だと言える。差し迫った危機の中で表れる人間の強い部分と弱い部分を描きこんだ、きっちりしていて写実的、人間味溢れた野外アクション映画である。

この後、クラウザーは簡潔な物語の構造と親しみやすい筋書きの中に、黒澤が細部を丁寧に描き込んで、侍たちが戦いに巻き込まれていく際のアクションと侍のキャラクターを際立たせていると称賛している。しかし、映画の長さには疑問を呈しており、この話を語るのにこんなに時間はかからないだとか、泥の中の馬の脚のショットが多すぎるなどと指摘している。また音楽も現代的に過ぎ、まるで『真昼の決闘』のバラードのようであり、この映画が、日本のこの時代の本物の文化を描いているのか疑問に感じる、と述べている。

また、『羅生門』でお馴染みの三船を含む俳優陣について賞賛している。最後に、「彼の前回の勝利(筆者註:『羅生門』のこと)のように、黒澤は完璧に計算され、適切な場面に転換する効果を上げる映像をものにしている。それは、厳しいリアリズムから詩的な映像へと昇華される効果をもたらしている」とまとめている。

クラウザーも『七人の侍』の映像が持つ力や、黒澤明がキャラクター付けのために丹念に描きこんだ細部に関して感銘を受けたようだ。特に、完璧に計算されたショットが、徹底したリアリズム描写を詩的なものへと昇華される効果を生んでいると指摘しているのは、クラウザーの審美眼を証明していると言えよう。

この批評から5日後の11月25日、クラウザーは2度目の『七人の侍』評をニューヨーク・タイムズに発表した。1本の映画の批評を2度載せるということから分かるように、クラウザーが『七人の侍』に相当興味を惹かれたのは間違いないであろう。既述の通り『羅生門』の時もクラウザーは2度にわたって批評をニューヨーク・タイムズに発表している。この時は、まさに絶賛であった。『七人の侍』も『羅生門』程ではないかもしれないが、クラウザーに2度批評を書かせる何ものかがあったということだ。その批評には「東洋の西部劇」(Eastern Western)と題名がついていた。クラウザーとしては、最初の批評でも触れていたように、黒澤明が受けていたと思われる西部劇の影響について、自説を展開したかったのであろう。

クラウザーは、形式は西部劇で、出てくるのは当時の侍ではあるが、黒澤は行動パターンを当時のものではなく現代の私たちが認識しやすいものに作り変えている、と主張している。これは形式を批判しているのではなく、黒澤明はその形式を生かして素晴らしいものを創っているが、そこにはジョン・フォード、フレッド・ジンネマン、ジョージ・スティーブンスの影響が見られると言っているのである。最後に、『七人の侍』は、アメリカの西部劇映画が持つ全世界的な文化的影響力を明らかにしている、と結んでいる。いささか鼻白む表現ではあるが、黒澤明本人が西部劇に負けない映画を創ると言って製作したわけであるからあながち的外れだとも言えない。ただ、ヨーロッパ系アート映画の最大の擁護者であったクラウザーにしては、我田引水に過ぎるきらいがあると言えるであろう。いずれにしろ、クラウザーの批評が観客動員に一役買ったのであろうか、『七人の侍』は翌年の1月20日まで9週間のロングランとなった。

上映時間の謎

『七人の侍』がニューヨークで公開された時の上映時間はというと、驚くべきことに141分である。158分が長すぎるということで現地で勝手にカットしたものと思われる。207分のオリジナルと比べると休憩時間を差し引いても実に60分以上のカットとなる。海外への売り込みにあたって、上映時間の長さは最初から懸念される点ではあったが、『七人の侍』の米国公開がヴェネチア映画祭での上映から2年以上経ってからになったのも上映時間の長さが響いていたと考えられる。この141分版に関しては、黒澤は勿論東宝も承知はしていなかったと思うが、たとえ事前に打診されていても「NO」という力は当時の日本映画界にはなかったであろう。その証左として、黒澤作品の無断カットはこの後も続いていくからだ。

第3章　ブランドンの時代
——『生きものの記録』を公開した男

米国における本格的Kurosawaブームのきっかけを作ったのはトーマス・J・ブランドン(Thomas J. Brandon)、通称トム・ブランドンという左派映画運動の元活動家であった。ブランドンは『酔いどれ天使』『虎の尾を踏む男達』『生きる』『蜘蛛巣城』『どん底』『生きものの記録』という6本の黒澤映画を米国に初めて紹介し、米国における黒澤映画普及に多大な貢献をした。

黒澤作品の米国公開は1956年の『七人の侍』以後、旧作も含め3年間途絶える。勿論、『七人の侍』の上映は続いていたであろうし、既述したエドワード・ハリソンによる『羅生門』の配給も1957年から始まっている。しかし、実際のところ『羅生門』の米国公開(1951年)から『七人の侍』の米国公開(1956年)までが5年、次の作品が公開されるまでにさらに3年待たなくてはならなかった。米国の配給会社は黒澤の「時代劇」を待っていた、あるいは日本映画では時代劇にしか商品価値を見出していなかったということであろう。

そのような状況にあって、黒澤作品を含む、日本の現代を描いた映画を配給したのが、トム・ブランドンであった。彼は1930年代の急進左派によるドキュメンタリー映画活動の主要メンバーの1人であり、セルゲイ・エイゼンシュテインをはじめとするソ連映画・左翼系映画の米国における配給の草分けであり、戦後、イタリア・ネオレアリズモを紹介した人物である。海外における日本映画研究の草分けであるドナルド・リチーもその才覚と鑑賞眼を高く評価した存在だった。

反骨の映画人

トム・ブランドンは、1910年(1908年説もあるが、定かではない)、ニューヨーク州に生まれた。奇しくも、黒澤明と同い年である。シラ

トーマス・J・ブランドン

キューズ大学を経済的理由で中退し、牛乳配達車の運転手やプロボクサー等を経験したらしい。

その後、ブランドンは1930年、コミンテルン傘下の労働者映画写真連盟（The Worker's Film and Photo League、略称WFPL）の設立メンバーの一人となったが、この組織は日本プロレタリア映画同盟（略称プロキノ、1929年結成）とも交流があり、それを裏付ける資料も発見されている。プロキノは全日本無産者芸術連盟（略称ナップ、1928年結成）の構成団体であり、黒澤明が所属していたのはナップの美術部（略称ヤップ）であった。ブランドンと黒澤明は太平洋を挟んで同じ理想を追っていたのである。

ブランドンは、ニューヨーク支部幹部としてWFPLの全ての活動に関与した。ニュース映画制作、映画学校、資金集め、上映活動（ソ連映画やドキュメンタリー、ニュース映画）、全国への配給である。1934年、ブランドンはギャリソン・フィルムズという配給会社を立ち上げる。これが後のブランドン・フィルムズの前身となる。

ブランドンは大恐慌の時代と第二次世界大戦中、ソ連映画配給、社会派ドキュメンタリー映画・反ファシスト映画の製作・配給に携わっていた。戦後、ブランドンは精力的に活動の幅を拡げる。1946年にはニューヨーク・フィルム・カウンシルの初代議長に就任する。

しかし、非米活動委員会の影がブランドンに忍び寄る。1954年、元共産党員の俳優兼脚本家ニコラス・ベラ（ハンガリー生まれ）が非米活動委員会でブランドン・フィルムズは1937年に共産主義を宣伝する映画を配給していたと証言したのである。ブランドンは新聞記者たちに、「私は当時検閲に通った映画しか扱っていない。もし、『アレクサンドル・ネフスキー』（セルゲイ・エイゼンシュテイン監督、1938年）や『戦艦ポチョムキン』（同監督、1925年）を共産主義宣伝映画と見做すのであれば、今も私はそれらを取り扱っている」と答えている。「それがどうした」ということであろう。1958年には非米活動委員会で、「ブランドン・フィルムズは共産主義国から映画を輸入している会社と契約しており、35本から40本の映画が上映可能である」と堂々と証言している。

黒澤映画に魅せられて

ブランドンは、戦後もソ連映画ばかり輸入していたのではない。『無防備都市』（ロベルト・ロッセリーニ監督、1945年）や『靴みがき』（ヴィットリオ・デ・シーカ監督、1946年）といったイタリア・ネオレアリズモの一連の作品も配給していた。そして、1959年12月、ブランドンによる「伝説の」日本映画特集上映が開催されるのである。すでに述べてきたように、当時米国で公開されていた日本映画は時代劇であり、1959年の時点で現代を描いた日本映画の公開は皆無であったと思われる。

1959年春、来日したブランドンは6週間を費やし、東宝、松竹、日活、新東宝の作品40ほどを試写にかけ、そこから約20本の作品を選んだ。世界で最も映画を製作している国、日本の映画を本格的に紹介すべきだという考えからであった。そして同年12月、ニューヨークにおいてAN EXCITING SEASON OF NEW JAPANESE FILMSと銘打った特集上映を始めた。劇場はリトル・カーネギー。『羅生門』を公開した、日本映画に縁のある映画館である。

しかし、ここに至るには資金面での苦労もあったようだ。弱小資本の

ブランドン・フィルムズは日本映画をまとめて購入する資金がなかったようで、ニューヨーク近代美術館（MoMA）に保管されているブランドン資料の中には、ブランドンが業界他社へ購入資金の借り入れを依頼している文書がある。必要な資金8万ドルの内、1万7500ドルを2年ローンで貸して欲しいというものである。ブランドンは、日本映画15本、オプションとしてさらに10本の、北米の劇場、16mm、TVにおける配給権を取得しようとしていた。文書の日付は1959年7月24日、資金は8月25日までに必要であると書かれている。ローンの依頼先はムービーラボ・フィルム・ラボラトリーズ（Movielab Film Laboratories, Inc.）。おそらく、ポジフィルムの焼き回しをしている会社ではないだろうか、ブランドンのプロジェクトがうまく行けば、彼等への発注が増えるということであろう。いずれにしろ、ブランドンの日本映画への熱意には相当なものがあったのは間違いない。ブランドンの日本映画特集上映プロジェクトは7月26日付ニューヨーク・タイムズや8月5日付バラエティでも紹介されており、それらによれば10月に開催予定とのことだった。実際には2カ月遅れの開催となったが。

さて、当初公開を予定していた映画は8本であり、1959年12月6日のニューヨーク・タイムズの記事によれば、それは『人間の條件』（小林正樹監督、1959年）『虎の尾を踏む男達』『カルメン故郷に帰る』（木下恵介監督、1951年）『野菊の如き君なりき』（木下恵介監督、1955年）『煙突の見える場所』（五所平之助監督、1953年）『酔いどれ天使』『夜の女たち』（溝口健二監督、1948年）そして『生きものの記録』であった。このラインナップからは、ブランドンの商業主義とは違った意気込みが伝わって来る。しかし、この記事から1週間後の12月13日にニューヨーク・タイムズに掲載されたAN EXCITING SEASON OF NEW JAPANESE FILMSの大々的な広告では、上映予定作品から『生きものの記録』が消えており、代わりに『女中ッ子』（田坂具隆監督、1955年）が入っている。この間の事情はつまびらかではないが、おそらく、劇場側から『生きものの記録』の上映に関する強い懸念が示されたのであろう。冷戦の真っ只中、唯一の被爆国から核を使用した国へ輸出された核に関わる映画である。反骨の映画人ブランドンらしい選択ではあったが、劇場側の拒否とあれば致し方なかったであろう。『生きものの記録』公開の苦難はここから始まるのである。

12月15日に始まったこの特集上映はニューヨーク・タイムズに大々的な広告を打ったものの、予告した8本から3本が落ち、代わりに1本追加されて計6本が上映される結果となった。落ちた3本は『煙突の見える場所』『夜の女たち』『女中ッ子』であり、追加されたのが『生きる』である。6本目として登場した『生きる』が好評を博してロングランとなったため、他の作品の上映ができなくなってしまったのだと思われる。『生きる』は2週間の限定公開予定であったが好評を博し結局2カ月間の興行となったのである。この特集上映で黒澤作品は『虎の尾を踏む男達』『酔いどれ天使』『生きる』の3本が上映されたが、黒澤作品のニューヨークでの公開は1956年の『七人の侍』以来3年振りのことであった。

この日本映画の特集上映を、当時、ドナルド・リチーが「ニューヨークの日本映画シーズン」と題してジャパン・タイムズでレポートしている。そのレポートの翻訳が「世界映画資料」No.26（1960年）に掲載されているので紹介したい。

きわめて興味ぶかい日本映画の試みが現在、ニューヨークのリトル・カーネギイ劇場で大成功裡につづけられている。これはトーマス・J・ブランドンによる日本映画シーズンで、すべて日本の戦後の諸価値に関連をもち、はじめてアメリカで上映され、日本映画の最良のものをふくむ、映画のシリーズである。（中略）

その最初の事件はアメリカの税関吏の馬鹿さ加減で、彼らはわいせつなシーンの部分があると申し立てて、『生きる』を禁止しようと試

　ニューヨーク・タイムズを含むニューヨークの高級紙が絶賛するシリーズとなったこの試みにおいて、現代を舞台にした黒澤作品も大きな注目を浴び、その後の本格的な全米進出が始まる契機となった。日本映画に関してこの様な試みがなされ、それが成功裡に終わったことは、日本映画史ではほとんど記録されてはいないが、本来、記録にとどめなくてはならないことであろう。そして、この画期的シリーズで、特筆すべきは『生きる』が公開され好評を博したことであろう。

『蜘蛛巣城』と『どん底』の好評

　日本映画シーズンを成功させたブランドンは、1961年11月に『蜘蛛巣城』をフィフス・アベニュー・シネマという劇場で公開する。東宝駐在員であった大平和登によるとThrone of Blood（直訳すると『血の王座』）という素晴らしい英語タイトルはブランドン自身がつけたという。東宝の海外向け販売カタログでは、Kumonosu-Djo(Cobweb Castle)となっている。タイム・マガジンの批評では黒澤明はエイゼンシュテインやグリフィスと並ぶ映画の最高の創造者とみなされており、早くも映画史上の伝説となりつつあった。

　続いて、ブランドンは、1962年2月に『どん底』をブリーカー・ストリート・シネマで公開した。上映期間は3月まで、6週間の興行だった。この上映も成功と言えるものであったが、問題は上映時間であった。記録では137分から125分へと、12分間カットされている。これに関しては、当時東宝シネマのオープンの為にロサンゼルスからニューヨークへ転勤になった大平和登が気づいてブランドンに抗議したらしい。ブランドンの説明は、劇場側の依頼でカットした、理由は上映時間が長すぎてうまく一日の上映時間に収まらない、そうなると組合との取り決めにより上映技師に法外な割増賃金を支払わなくてはならなくなる、というもので、特に上映時間が深夜12時を過ぎると割増賃金がとてつもなく高くなったようだ。勿論、契約上は勝手にカットなど出来ないが、日本側の発言権が強くなるまでは厳しい管理は出来なかったというのが実情であった。『どん底』が米国で成功した理由は、演劇としての『どん底』が日本とは比較にならないくらい定着していたこと、特に演劇が盛んなニューヨークでは一層そうであったことが挙げられよう。批評家の評価も高く、オフ・ブロードウェイに行くような若い観客がたくさん映画館に足を運んだようだ。

『生きものの記録』の苦闘

　ブランドンは好評を博した日本映画シリーズの中から選んだ作品を全米各地に配給したが、『生きものの記録』だけは公開の目途が立たなかった。最初の日本映画シリーズからおよそ3年後の1962年11月8日のニューヨーク・タイムズにブランドンの新たな日本映画シリーズに関する記事が掲載された。上映期間を限定せずに入場者数に応じて期間を柔軟に決める形で日本映画特集を開催するというものである。これらの中には『雨月物語』などが含まれていたが、目玉は『生きものの記録』であり、「will be represented by "I Live in Fear"（『生きものの記録』により代表される）」と宣伝されていた。ブランドンはよほどこの作品に惚れ込んでいたのであろう。しかし、この時も『生きものの記録』の上映は叶わなかった。理由ははっきりしないが、やはり劇場側の都合と思われる。また同時期にマンハッタンではなく隣接するクイーンズでも日本映画特集を開催したが、ここでも『生きものの記録』の上映は実現しなかった。ただこの時ブランドンは先の日本映画シリーズの黒澤作品3本に、『羅生門』『七人の侍』『蜘蛛巣城』を加えた当時の黒澤作品フルラインナップで臨んでいる。

　『生きものの記録』の公開に執念を燃やすブランドンは、1963年9月、この年から始まったニューヨーク映画祭へ『生きものの記録』を出品した。メインのリンカーンセンターではなく（『切腹』〈小林正樹監督、1962年〉は同年ここで上映）、小さいスクリーンであるMoMAで上映されたようである。しかし、ニューヨーク・タイムズに論評が掲載されることはなかった。ほとんど無視されたような状況であったと言えよう。これは、当時の黒澤作品の米国における受け入れられ方を考えると相当異常なことである。ブランドンによる1959年末から翌年にかけての日本映画シリーズで3本の黒澤作品が公開されて以降、『蜘蛛巣城』『白痴』『隠し砦の三悪人』『どん底』『用心棒』『悪い奴ほどよく眠る』『椿三十郎』が公開されており、1963年11月には『天国と地獄』の公開も控えていた。正に怒濤の黒澤ブームである。特に『用心棒』『椿三十郎』は日本同様大ヒットとなっており、『天国と地獄』も大ヒットが期待されていた（事実、大ヒットした）。つまり、黒澤作品の論評が出ないということは普通ではありえない状況であったということである。それだけ、『生きものの記録』については、そのテーマと作品内容が米国では受け入れ難かったということであろう。

　それでも、ブランドンは諦めなかった。1967年1月25日から2週間の限定公開にこぎつけたのである。ブランドンによる「黒澤フェスティバル」の1本としての公開であった。ブランドンは度々「黒澤フェスティバル」を開催していたが、その中での公開は苦肉の策であった。商業劇場での初公開は『生きものの記録』だけであり、これがフェスティバルの目玉ではあった。その他の作品は、『蜘蛛巣城』と『どん底』の2本立て、『生きる』と『虎の尾を踏む男達』の2本立て、そして最後に『七人の侍』というプログラム構成で、それぞれ4日間の興行だった。つまり約1カ月の興行のうち、前半が『生きものの記録』で、後半がレパートリー興行という形である。このフェスティバルの新聞広告には「電話と手紙によるリクエストにもとづき再上映」とあるが、『生きものの記録』を公開するために、人気のある黒澤作品と組み合わせるというフェスティバル方式を採用したのであった。

　では、現地での評価はどうだったのであろうか。映画批評界の"キング"、ボスリー・クラウザーの批評は手厳しいものだった。要約すると「トーマス・ブランドンがフィフス・アベニュー・シネマで黒澤明回顧シ

左から筆者、岡本みね子（岡本喜八夫人）、大平和登

リーズとして上映中の『生きものの記録』はニューヨークの商業劇場でようやく初公開——それにはもっともな理由があるのだが——ということのみでも注目に値する作品である。同作品はこの偉大な日本人監督の作品中、最も表現力に欠ける作品のひとつと言える。主人公は怒りっぽくうんざりさせられる。三船敏郎演じる老人は差し迫った危機から逃れることに固執する偏屈な頑固親父にしか見えない。黒澤監督には本作品で描かれているような核の否定的側面より、むしろ人類による核エネルギーの平和利用といった建設的な考えを表現してほしかった。喧嘩と狂気は皮肉と絶望以外の何ものをも示唆していない。『生きものの記録』からいささかも"良い刺激"を受けなかったことは遺憾である」というものだった。アート・フィルムの命運を決めると言われたクラウザーの批評がこれでは人は入らない。ブランドンの執念も残念な結果に終わったのである。

ステュアート・ガルブレイス4世が著したThe Emperor and the Wolf（邦訳題名『黒澤明と三船敏郎』、櫻井英里子訳、亜紀書房、2015年）によると『生きものの記録』に関するほとんどの批評は、作品のメインテーマである反核に関しては触れておらず、もっぱら家族ドラマという側面と三船の演技に関してのものである。原文を読むと反核を意識的に避けていることがうかがわれる。やはり米国では正面からこの作品は受け取ってもらえなかったのである。そう考えれば、クラウザーの批評は、「核エネルギーの平和利用」という当時の核肯定派の意見を述べているだけ正直なのかも知れない。雑誌CUEは「こんな質の高い映画がニューヨークで公開されるのに12年（筆者註：日本での公開から）もかかったとは許しがたいことである。（中略）この旧作を公開してくれたブランドンに感謝しなければならない」と書いているが、原文を読む限り、最後の一文が本当の感謝なのか皮肉なのかははっきりは判らない。皮肉であるならば、公開に尽力してきたブランドンとしては、やるせない気持ちだったろう。

ブランドンの退場

米国における黒澤映画の隆盛は、黒澤映画の輸入配給業界の勢力図にも変化をもたらした。輸入配給権の獲得の競争が厳しくなり、資本力に乏しいブランドン・フィルムズは苦戦を強いられる。そんな中、東宝が1963年1月に自前の劇場（東宝シネマ）をニューヨークに作って黒澤作品の配給と上映を開始、さらにウォルター・リード＝スターリング（Walter Reade-Sterling）といった大手配給・劇場チェーンが東宝と連携して黒澤作品の上映を始めると、ニューヨーク州周辺でしか劇場を押さえられないブランドンの出番は次第になくなっていった。それでも、ブランドンは黒澤の作品を集めては黒澤フェスティバルを何回も開催している。『生きものの記録』の公開もそのような流れの中で実施されたものだ。『生きものの記録』が公開された翌年の1968年、ブランドンはついに会社の売却を余儀なくされる。売却先は出版社であるクロウエル・コリアー・マクミラン社（Crowell Collier and Macmillan, Inc.）であったが、この会社の経営者はブランドンに尊敬の念を抱いており、買収後の会社名をオーディオ＝ブランドン・フィルムズ（Audio-Brandon Films）としてブランドンの名前を残した。またブランドンに買収した会社の社長を任せてもいる。こう見ると、ブランドンは会社を売却せざるを得ない瀬戸際にあって『生きものの記録』を公開したことになる。それはまさにブランドンの使命感と執念のなせる業であった。

ニューヨークの東宝シネマの初代支配人を務めた大平和登は、ボスリー・クラウザーに対抗できたのはブランドンだけだったと、生前、筆者に述べている。ドナルド・リチーは、Film Quarterly, Autumn 1960において、映画と映画人、ビジネスと芸術家を理解できる人間はきわめて少なく、リチーが思いつく米国人は先述したエドワード・ハリソンとトム・ブランドンくらいしかいないと述べている。リチーは、時代劇ではなく現代を描く日本映画を紹介し、それもトップバッターにその年に日本で公開されたばかりであり、日本領事館が後援を拒否した『人間の條件』を持って来るという、堅い信念に基づく番組編成を行った、ブランドンの1959年12月からの日本映画シーズンを高く評価していたのであろう。

ブランドンによる米国における黒澤作品及び日本映画の普及への貢献度はもっと評価されて良いであろう。

『隠し砦の三悪人』の悲劇

ブランドンによって開催された1959年12月からの日本映画シーズンの後、1963年1月の東宝シネマの開場までに公開された黒澤作品は、『蜘蛛巣城』『隠し砦の三悪人』『どん底』『用心棒』の4本である。日本映画シーズンの成功により黒澤ブームが到来していた。『蜘蛛巣城』と『どん底』は既述の通りブランドンによる配給であったが、他の2本はそれぞれ配給会社が違っていた。『隠し砦の三悪人』は『どん底』が公開される前月の1962年1月にアルベックス（Albex）配給でニューヨーカーシアター（New Yorker Theater）で公開されているが、このアルベックスはニューヨーカーシアターの関係者名義の個人会社であったようで、黒澤映画の配給もこれ1本である。上映期間は、残念なことにわずか9日間であった。さらに驚くべきことにニューヨーク・タイムズの批評記事では『隠し砦の三悪人』の上映時間が90分となっており、これが正しければ、139分の映画を49分カットしたことになる。調査をすると『隠し砦の三悪人』はロジェ・ヴァディム監督の『大運河』（1957年）のリバイバルと2本立てで公開されていた。『大運河』の上映時間は99分であるので、2本合わせて3時間9分ということになる。劇場の回転を考えてのカットだったのであろう。もっともこの90分版はニューヨーク公開時のみだったようで、通常は120分前後のバージョンが流通していたようである。それでも19分短いのではあるが、『隠し砦の三悪人』の完全版が公開されたのは22年後の1984年である。

東宝シネマ開場までに公開されたもう1本の作品、『用心棒』については次章で述べることとしよう。

第4章　東宝シネマの時代

東宝の国際化戦略

東宝は1960年8月米国ロサンゼルスにラブレア劇場を東宝直営館としてオープンした。すでに東宝は1953年10月にロサンゼルスに事務所を開設していたが、これは1952年に『羅生門』がアカデミー賞外国語映画賞（当時は名誉賞）を受賞し、日本映画による海外マーケット開拓の可能性を示したからであろう。しかし、事務所での活動には限界もあり、ハリウッドへの食い込みも思うように行っていなかったので自前の劇場を持つことにしたのだった。同時に東宝は国際化戦略として主に30歳未満の若手社員7名を海外駐在に出すことにした。米国はロサンゼルス、ニューヨーク、ハワイ、南米はサンパウロ、欧州はパリ等に派遣したのである。ラブレア劇場の初代支配人となった大平和登によれば、ラブレアの開場前に辞令は出ていたのだがビザの取得に時間がかかり、実際に赴任したのは1961年1月であった。大平はこのとき28歳になったばかりであった。

ハリウッドは映画製作の中心地ではあったが米国市場を意識した場合、やはり観客の評価の中心はニューヨークであった。そこで東宝はタイムズスクエアの45丁目にあったビジュー（Bijou）という演劇の劇場を買い取り、改装して東宝シネマとしてオープンすることにした。ラブレアの支配人だった大平は、ニューヨーク東宝シネマの初代支配人としてロサンゼルスからニューヨークへ転任となり、オープン準備から責任を担った。ニューヨークへ赴任してまず直面したのは運転資金不足であっ

東宝シネマ劇場前

た。東宝は1960年2月にはニューヨーク事務所を開設してはいたが、積極的な活動はしていなかったのである。

『用心棒』大好評

資金不足に直面した大平は仕方なく『用心棒』の配給権を、東宝の条件を最も良く受け入れてくれたセネカインターナショナル（Seneca International）という配給会社に売却した。『用心棒』は1962年10月15日、カーネギーホールが入っている建物の地下にあったカーネギーホールシネマ（Carnegie Hall Cinema）で公開されると大ヒット。ニューヨークの新聞ストのためどのくらいのロングランになったか確定できないのだが、3カ月後の東宝シネマオープン時には14週を越える大ヒットで続映中であり、上映館もさらに4館増やすことになっていた。大平も東宝シネマの柿落としとして『用心棒』を上映したかったようだが、運転資金不足では致し方なかった。しかし、日本人居住者が僅か4500人であるニューヨークでの『用心棒』の大成功により黒澤作品の市場価値は益々高まり、東宝シネマへの期待も大きくなっていったのである（『用心棒』のポスターは cat.no.46 参照）。

東宝シネマオープン

東宝シネマの正式オープンは1963年1月23日であった。柿落としは『悪い奴ほどよく眠る』である。正式オープン前の3夜は俳優・プレス・業界関係者を招いての特別披露試写会が行われた。日本からは森岩雄東宝副社長、三船敏郎がプロモーションのためにニューヨーク入りし、三船敏郎は22日の特別披露試写会では舞台に上がり居合抜きを披露した。『用心棒』が大ヒット中だったこともあって相当好評だったようである。その夜は、ブロードウェイで最も著名なレストランであるサーディーズ（Sardi's）で東宝シネマのオープンを祝してレセプションが開かれ、チャールトン・ヘストン、ロバート・ライアン、アンソニー・クイン、レナード・バーンスタインといったセレブたちが駆けつけている。三船敏郎は、23日の正式オープンの朝には東宝シネマの宣伝のために全米三大TVネットワークであるNBCの朝の看板番組トゥデイ（Today）に出演し、居合抜き等を披露、同じ日にセスナ機を操縦してニューヨークの上空を飛んでいる。ところで、東宝シネマにとって最大の障害は1963年1月から4月頃まで続いたニューヨークにおける新聞ストだった。当時の映画情報は宣伝も上映時間も新聞によるものがほとんどだったので、雑誌にしか広告を打てなかった東宝シネマのオープン情報や柿落としの『悪い奴ほどよく眠る』の批評もニューヨークでは読むことが出来なかったのである。辛うじて、新聞スト前の1963年1月3日のニューヨーク・タイムズに東宝シネマオープンに関する記事が出ている。ところが、

その記事にはタイプミスが多く、The Bad Sleep Well（『悪い奴ほどよく眠る』の英語題名）が The Dad Sleeps Well となっており、これでは「パパはよく眠る」である。そのような状況の中、三船敏郎によるTV出演は貴重なプロモーションであった。

東宝シネマは東宝映画を売り出すための劇場としてオープンしたのであったが、徐々に東宝以外の日本映画も上映するようになっていった。座席数が299席、これは申請上の数字であって実数は304か305席であったと大平和登は証言している。ラウンジでは着物を着たティーレディー（Tea Lady）による日本茶の無料サービスもあった。入場料は、昼間は50セント、週末と夜は1ドル25セントであった。

『悪い奴ほどよく眠る』の苦難

新聞ストの中での船出となった『悪い奴ほどよく眠る』は興行的には苦戦を強いられたが、ニューヨーク・タイムズのクラウザーの批評は悪くはなかった。新聞ストはニューヨーク地区のみであり、ニューヨーク・タイムズの西部版はロサンゼルスでは発行されていたのである。クラウザーは東宝シネマのオープンに期待を寄せながら、『悪い奴ほどよく眠る』の批評を展開しており、最後に「これはパワフルで興味深い黒澤の映画である。ラストにかけて多少退屈で感傷的な部分があるものの、映画のテーマを理解している観客を満足させるには、充分エキサイティングである」と評している。

『椿三十郎』の大ヒット

新聞ストによって出鼻をくじかれた東宝シネマは、苦しい経営を余儀なくされていた。当時、大平に許可されていた運営資金は月額8000ドルであったが、劇場の賃貸料に6000ドルが消えていた。スタッフを23人抱えていたが、非組合員の人間を安く雇っていた。それでも全く足りなかった。日本の本社に送金を依頼しても「送ってやりたくても大蔵省の許可が出ないんだからしょうがない。その代わり大ヒットしたら幾らでもその金を使って構わないから何でもやってくれ。金がないときはできる範囲内で何とかしてくれよ」との返事であったらしい（大平和登談）。最初の数カ月、大平は給料も無く自分のささやかな貯金を崩しながら支配人を務めていたのである。

そんな状況を打開したのが新聞スト明けの1963年5月7日に公開された『椿三十郎』の大ヒットであった。これには、『用心棒』のロングランによる「三船三十郎」のイメージの確立が与って大きかったであろう。

大平によると45丁目の劇場前の列がブロードウェイと8番街に挟まれたブロックをぐるっと1周したとのことで、これはおおよそ500メートルの行列であった。『椿三十郎』は11週間の大ヒットとなり、東宝シネマは息を吹き返した。

『天国と地獄』とマクベイン

11月26日には『天国と地獄』が公開され、これも大ヒットとなった。ケネディ大統領の暗殺が11月22日であるから、アメリカが騒然としていた中での公開であり、決して良いタイミングとは言えなかったが見事にヒットしたのである。7週間の公開であったが、特筆すべきは配給を担当したウォルター・リード＝スターリング社が、マンハッタン内で複数館での公開に踏み切ったことである。同社はマンハッタン内に複数の劇場を所有しており、その中で客席700のメインの劇場で『天国と地獄』を上映したのである。これはマンハッタンの大劇場で黒澤作品が堂々と公開されたということであり、外国映画にとっても日本映画にとっても画期的なことであった。もう1つ特筆すべきは、『天国と地獄』の原作者であるエド・マクベインが東宝シネマに『天国と地獄』を観に来たことであろう。大平によると、エド・マクベインは初日に現れた。ラフな格好で自

転車に乗ってやって来て切符売り場で名前を名乗ったので、大平が対応した。終映後、東宝シネマの地下にある日本茶をサービスする喫茶室で話をすると、原作者である自分のクレジットが見つからないと言うので、次回の上映回でカタカナの部分を指摘すると、英語で入れてほしいというリクエストがあり、大平は日本からローマ字の抜き焼きを至急送ってもらい差し替えた。大平が差し替えを連絡すると、今度はパリッとした格好で何人かの女性を引き連れてやって来たらしい。マクベインは原作を見事に映画化した黒澤の腕に感心していた。

東宝シネマのセレブたち

マクベインだけではなく、東宝シネマを訪れたセレブは多かった。テネシー・ウィリアムズ、アーサー・ミラーといった演劇人、それからキャサリン・ヘップバーンやスペンサー・トレイシー等が常連であったが、オードリー・ヘップバーンもやって来て言葉を交わしたと大平は証言している。

『白痴』の上映

松竹映画『白痴』は、松竹により1963年4月30日にニューヨーカーシアターで公開された。実際には東宝シネマ支配人である大平が劇場の手配をし、松竹からブッキング手数料を取った。今では、ドストエフスキー映画の最高傑作とされる『白痴』であるが、その時の上映期間は2週間であった。しかし、その後、ボストン、ワシントン、ニュージャージー等でも公開されたようである。

ニューヨーク映画批評事情

当時、大平は映画の興行に大きな影響力を持つニューヨークの映画批評家を3つのグループに分けて対応していた。1つ目は、ニューヨークにオフィスを構える新聞紙の批評家グループで20～25名。2つ目は、週刊誌などの雑誌グループで、「タイム」「ニューズウィーク」「ヴィレッジ・ヴォイス」「バラエティ」のような業界紙もここに入る。3つ目は外国特派員グループで、日本からの特派員も含まれた。試写会には3つのグループから100名程度を招待していたが、ニューヨーク・タイムズだけは試写会に来なかった。既述したように、ニューヨーク・タイムズは初日に一般観客と一緒に観て2日目の朝刊に批評を載せるのである。当時のニューヨーク・タイムズの影響力は圧倒的であり、大平も主筆であるボスリー・クラウザーには相当気を遣ったようである。

大平によれば日本映画に好意的で、関心も深く、紹介記事を良く載せてくれたのは、ニューヨーク・タイムズよりヘラルド・トリビューンやニューヨーク・ポストであった。特にトリビューンは、度々、クラウザーとは正反対の反応を示した。トリビューンの批評家は女性でジュディ・クリスト、ニューヨーク・ポストはアーチャー・ウィンストン、この2人と独立系批評家として寄稿していたスタンリー・カウフマンの3人がクラウザー以外では有力な批評家であり、日本映画を高く評価していた。

東宝シネマの閉館とその役割

東宝シネマは、1964年3月3日に『野良犬』を公開したが、これが再上映を除いて最後の黒澤作品の公開となった。東宝シネマは、東宝作品のみならず他社作品（『切腹』『砂の女』〈勅使河原宏監督、1964年〉等）も大平の尽力で公開してきたが、日本映画専門ではやはり興行的には苦戦を強いられ、1965年6月7日に28カ月に及ぶ活動に幕を下ろすこととなった。最後のプログラムは8週間近くにわたって開催されたKurosawa Festivalで、7本の作品を上映したが、その内の最後の作品は『生きる』であった。ニューヨーク・タイムズは東宝シネマの閉館を伝える記事の中で、大平の後を継いだ支配人（大平はこの年日本に帰任していた）安武隆の次のコメントを載せている。

「東宝シネマは日本映画の紹介のため試験的に運営され、今やその目的を達成した。東宝シネマ設立の主な目的は、この劇場によって、日本映画と外国映画の上映機会の格差を埋めるための方法と手段を見極め、またアメリカ人が日本人を理解する助けとなるべく、日本映画をオリジナル版で発表することにあった。アメリカの観客に理解してもらうことは難しいのではないかと思っていたが、批評家による好意的な論評で、我々の不安は杞憂であることがわかった。劇場運営を経験することにより、アメリカ人の好みを理解することができた――これは今後我々が日本映画を製作していく上で有益な判断材料となる。これから東宝株式会社は、アメリカで日本映画の配給ビジネスに専念する」

安武は劇場運営が経営的に成功したか否かについては言及しなかったが、経営が順調でなかったのは明らかであろう。

しかし、東宝シネマの開館が、黒澤作品の米国における地位と人気の定着だけでなく、日本映画の米国での一定の地位の確保に大きな貢献をしたことは間違いない。これは、大平の他社作品の公開も厭わなかった姿勢にも依ろう。また、こうした姿勢には東宝本社の森岩雄副社長による大平の方針への理解とその懐の深さも寄与していることは間違いない。『切腹』『砂の女』等の公開は、ニューヨークの映画ファン、批評家、知識人に大きな刺激を与え、黒澤明、溝口健二だけではない日本映画の魅力を伝えることになった。小津安二郎は米国では1960年代中盤ではまだ発見されていない。

黒澤明、60年代の快進撃

1960年代の黒澤明の快進撃は、1959年12月30日の『酔いどれ天使』の公開から始まった。トム・ブランドンによる日本映画紹介シリーズAN EXCITING SEASON OF NEW JAPANESE FILMSにおいて公開された3本の黒澤作品の最初の作品としての公開であった（他の2本は『虎の尾を踏む男たち』『生きる』）。これ以降、1964年3月の『野良犬』の公開までの4年3カ月の間に商業公開された黒澤作品は実に12本に及ぶ。平均すれば、年間3本の黒澤作品が映画祭等での上映ではなく商業公開されていたことになる。この12本にプラスして『羅生門』と『七人の侍』の2本がブランドンらによって初公開以降も繰り返し上映されていたので、黒澤作品を観る機会は豊富にあった。さらに、『羅生門』がポール・ニューマン主演で『暴行』（マーティン・リット監督、1964年）として再映画化され、『七人の侍』もユル・ブリンナー、スティーブ・マックイーン主演で『荒野の七人』（ジョン・スタージェス監督、1960年）として再映画化されており、60年代はまさに「黒澤明ブームの時代」と言っても差し支えないであろう。このような状況は、米国の映画人や批評家サークル、知識人らによる評価・支持をもたらしただけでなく、一般映画ファンの間に熱狂的黒澤・三船フリークを生み出していく下地になったのである。とりわけ、この時期に大学生であったフランシス・コッポラ、マーティン・スコセッシ、ジョージ・ルーカス、スティーヴン・スピルバーグ、ジョン・ミリアス等が黒澤作品に大きな影響を受けて、『影武者』以降の「生きる伝説」としての黒澤明の復活に繋がっていく。

第5章　研究と停滞

黒澤明研究

黒澤作品の大量公開とその批評、興行面での成功は、「黒澤明研究」という新たな展開を促すこととなった。1965年、ドナルド・リチーがThe Films of Akira Kurosawa（邦訳『黒澤明の映画』、三木宮彦訳、キネマ旬報社、1979年、社会思想社、1993年）を上梓した。同書は黒澤明が新作を発表する度に改訂を重ね、今もなお、全作品を網羅した黒澤明研究の定本の一冊となっている。日本における黒澤明の研究本は1969年に上

梓された佐藤忠男による『黒沢明の世界』(三一書房)が最初のものであるが、50年経った今も黒澤映画と正面から向き合って分析した本は少なく、日本の研究本は海外では1冊も翻訳されていない。海外で翻訳された黒澤本は自伝である『蝦蟇の油』(岩波書店)、野上照代『天気待ち』(文藝春秋)、橋本忍『複眼の映像』(文藝春秋)、田草川弘『黒澤明vsハリウッド』(文藝春秋)のような、黒澤本人とのエピソードを綴ったものや製作・創作プロセスをドキュメントタッチで描いたものだけである。しかも大半が21世紀になってからの出版である。その反面、米国では黒澤明に関する研究書はこの50年の間に続々と出版され、そのベースとなる大学での研究も持続されているが、日本で翻訳出版されているのは、1979年のドナルド・リチー『黒澤明の映画』以来40年間で数冊を数えるのみである。日本と世界が相互に「黒澤明」に関する共通の深い認識・研究の土台をいまだに持ち得ていないというのが実情だと言えるだろう。

幻のハリウッド進出

日本で『赤ひげ』が公開された1965年、米国でもその名声が最初のピークに達していた黒澤明は東宝と完全に袂を分かち、次の飛躍となるハリウッド進出を目指していた。ハリウッド進出第1作として企画されたのが『暴走機関車』である。黒澤明は、その準備の為訪米し、1966年6月30日にニューヨークで記者会見を開いている。この記者会見の様子が1966年7月1日付けのニューヨーク・タイムズに掲載されている。そこには、『暴走機関車』はカラー、70ミリで製作し、「世界的な評価を勝ち得た、高度に個人的な職人技の伝統に基づき」黒澤監督自らがチーフ編集者を務めるということが書かれている。「チーフ編集者」とわざわざ書かれている点に『トラ・トラ・トラ!』を含めた後のトラブルの種、極論すればハリウッド進出挫折の要因があるのではないだろうか。記事の中でこのように書かれているのは、今回の映画製作の方法が通常とは違うということ、つまりハリウッドでは編集は専門の編集者が行い監督は意見は言っても編集はしないし、最終決定権者はプロデューサーであるのが常識の中で、黒澤明がわざわざ技術者として編集をするということを強調しているということであろう。黒澤明からすれば自作品を編集して最終的な作品にするのは黒澤明本人以外になく、本人も編集が一番楽しく、撮影は編集の素材集めであるという旨の発言もしている(現在の素材撮りの風潮とは全く違う意味であろうが)ほどであり、本人も黒澤プロダクションもハリウッドの常識については深く理解していなかったのではないだろうか。

結局、黒澤明は『暴走機関車』の撮影の為の渡米を土壇場でキャンセルした。『トラ・トラ・トラ!』のメガホンをとる契約書にサインしたことを伝えるニューヨーク・タイムズの1967年4月28日の記事には『暴走機関車』の製作は無期延期になったと書かれている。『トラ・トラ・トラ!』に関して言えば、同紙1968年12月25日付けに簡単に黒澤明降板の記事が掲載された。米国での『赤ひげ』公開の1週間後のことであった。『トラ・トラ・トラ!』は後にリチャード・フライシャー、舛田利雄、深作欣二監督で製作され、1970年に公開された。

停滞

1960年代後半から1980年の『影武者』公開までの15年は、黒澤作品の新作の公開に関しては苦難の時代が続く。『赤ひげ』『どですかでん』『デルス・ウザーラ』の3作品は、『赤ひげ』『どですかでん』がニューヨーク映画祭で上映されてから一般公開まで3年、『デルス・ウザーラ』はアカデミー賞外国語映画賞を獲ってから2年、ニューヨーク映画祭で上映されてから1年3カ月という時間を要しているのである。『デルス・ウザーラ』以外は、批評も興行も低調であった。

しかし、ここで特筆すべきことが2つある。1つ目は『どですかでん』の配給会社であるジャナス(Janus Films)の登場である。ジャナスは世界中のアート系映画専門の配給会社で黒澤作品の信奉者であった。『どですかでん』の前には、『羅生門』の上映権利を購入している。大平和登によれば「盲信」の域であったとのことである。このジャナスは今も健在で、ジャナスが配給したアート系の作品を関連会社であるクライテリオンがDVD等のパッケージ商品にして売っていくというビジネスモデルを確立している。映像のクオリティと独自の特典映像が群を抜いており(黒澤作品も例外ではない。彼らは日本にまで取材に来るのだ)、世界中のシネフィルの称賛を浴びている。

もう1つは、『デルス・ウザーラ』の配給会社であるニューワールド・ピクチャーズ(New World Pictures)という会社である。ここは実は映画監督のロジャー・コーマンの会社なのである。『デルス・ウザーラ』の広告にもRoger Coman Presentsとある。ロジャー・コーマンと言えば、「B級映画の帝王」として『ワイルド・エンジェル』(1966年)『マシンガン・シティ』(1967年)等を監督し、映画史的には、製作者としてマーティン・スコセッシ監督の『明日に処刑を…』(1972年)やジョー・ダンテ監督の『ピラニア』(1978年)等、次世代の映画監督の多くを世に送るという役割を果たしたことで記憶されているが、もう1つの顔としてアート系映画の輸入配給を手掛けていたのである。配給した主な作品はフェデリコ・フェリーニ監督の『フェリーニのアマルコルド』(1974年)、イングマール・ベルイマン監督の『叫びとささやき』(1973年)、フランソワ・トリュフォー監督の『トリュフォーの思春期』(1976年)、フォルカー・シュレンドルフ監督の『ブリキの太鼓』(1979年)など錚々たる作品群であった。慧眼の持ち主であったことは間違いない。ロジャー・コーマンが製作総指揮を執った映画に『宇宙の7人』(ジミー・T・ムラカミ監督、1980年)があることは、ご愛嬌であろうか。

最終章 伝説の誕生

『影武者』と黒澤チルドレン

『デルス・ウザーラ』のアカデミー賞外国語映画賞受賞をもって黒澤明の復活と言いたいところではあるが(筆者はそう思う)、豊富な話題や興行的な華々しさがないとなかなか世界はそうとは認めてくれない。この辺りが、並のアート系映画の監督との決定的な違いであろう。そんな中1980年の作品『影武者』は当時のスター監督フランシス・コッポラ、ジョージ・ルーカスのサポートによるハリウッドからの製作費提供、久々の時代劇、勝新太郎から仲代達矢への主役交代、そしてカンヌでのパルムドール受賞と華やかな話題とゴシップまでを提供して、巨匠復活を印象付けた。1980年10月に始まったニューヨークでの興行も22週間のロングランとなり大成功を収める。ニューヨーク・タイムズの批評は「黒澤作品の中で、最も念入りに作られ、畏敬を感じさせる、素晴らしい映像美の作品であり、70歳の監督は、旧来のドラマやモラルといったものには興味がなくなり、歴史を黙考している」というものであった。

『影武者』公開の余韻が残る1981年10月から12月にかけてニューヨークのジャパン・ソサエティで当時の全黒澤作品の回顧上映が行われ、黒澤明自身も『暴走機関車』の記者会見以来15年ぶりにニューヨークを訪れた。ニューヨークの映画界は巨匠の来訪を熱狂的に迎えた。回顧上映の関係者向けオープニング作品は『蜘蛛巣城』であったが、その紹介の為にフランシス・コッポラが西海岸から文字通り飛んで来て、レセプションにはリチャード・ギア、ロバート・デュバル、大平和登が顔を連ねた。ウィリアム・フリードキンは黒澤のために自宅でプライベート・パーティを開き、シドニー・ルメット、アーサー・ペン、エリア・カザン、マーティン・スコセッシ(夫人のイザベラ・ロッセリーニ同伴)、ノーマン・メイラー等のニューヨーク派の監督や作家たちが黒澤に会うために参集した。黒澤明を敬愛するシドニー・ルメットは公開中だった新作『プリン

ス・オブ・シティ』を黒澤明がニューヨークでわざわざ観てくれて好意的感想を述べたことに対し、感動のあまり涙を浮かべた。『十二人の怒れる男』を監督したシドニー・ルメットは、1960年にTVドラマ『羅生門』を演出するほど黒澤明に影響を受けていたのである。

この回顧上映がきっかけとなって、1980年代に黒澤作品の一般での初公開やリバイバルが盛んになり2度目のブームが訪れる。1982年には『七人の侍』の完全版が公開され、1984年には遂に『隠し砦の三悪人』の完全版が公開、22年前の90分版の屈辱を晴らした。他にも『天国と地獄』のリバイバル公開、『醜聞』や『素晴らしき日曜日』等の初公開と賑やかな状況は続き、1987年の『一番美しく』、1989年の『続 姿三四郎』をもって全ての作品が一般劇場で公開されたことになった。

世界を席捲する『乱』

1980年代における黒澤伝説のハイライトは『乱』であろう。1985年9月27日、ニューヨーク映画祭のオープニングを飾った『乱』はそのあまりの人気に映画祭の2会場で同時に上映を行った。上映後はリンカーンセンターのエイヴリー・フィッシャー・ホール（Avery Fisher Hall）でニューヨーク中の名士60人との公式ディナー、続いてセントラル・パークにある高級レストランのタバーン・オン・ザ・グリーン（Tavern on the Green）に場所を移し、1300人を招待してのブラックタイ・パーティ。まさに伝説降臨である。前日の『乱』のメイキングである『A.K. ドキュメント黒澤明』（クリス・マルケル監督、1985年）の上映に際しては、シドニー・ルメットとアーサー・ペンが挨拶をしている。

『乱』は1985年12月20日に一般公開されたが、そこから32週連続上映の大ヒットとなった。ここで『乱』がいかに高く評価されていたかを示す出来事が起きる。発端は『乱』がアカデミー賞の外国語映画賞にノミネートされなかったことであった。『乱』は日仏合作であったため、外国語映画賞のノミネートにおいて事務手続き上の混乱が両国のプロデューサーの間で起きたことがその原因であった。仏側プロデューサーは事態に気づき日本映画製作者連盟に日本代表のエントリーの期日延長を求めたが断られたと証言している。しかし、ここで取り上げたいのはエントリーをミスしたことではない。ニューヨーク・タイムズが『乱』がアカデミー賞外国語映画賞にノミネートされていないことを残念がり大きく取り上げたことである。ニューヨーク・タイムズがノミネートされなかった外国映画を取り上げるというのは極めて異例のことであろうし、おそらく最初で最後であろう。それだけ『乱』の評価は高かった。ノミネートされれば受賞は確実であったと言われている。記事には、黒澤明は日本映画界で異端扱いされており、それが理由ではないかということが暗にほのめかされている。少なくともニューヨーク・タイムズの記者は日本代表が『花いちもんめ』（伊藤俊也監督、1985年）であることには納得していなかったようである（実際、ノミネートされなかった）。同じようなことはカンヌ映画祭でも起きていた。カンヌ映画祭事務局は『乱』の出品を大いに期待して待っていたのだが、編集が間に合わず出品出来なかった。カンヌ映画祭の審査員は後日、「黒澤映画を映画祭に出すはずだった記念として」『乱』を特別上映した。『乱』は世界を熱狂させた。『乱』は、黒澤明が『羅生門』製作から35年経ってなお世界のトップに君臨していることを示したのである。

黒澤明は1980年代に世界の映画界において「生きる伝説」としての評価を定着させた。

アカデミー賞名誉賞

黒澤明の「生きる伝説」としてのイメージを決定づけたのは、その長いキャリアの1つのハイライトとも言える1990年のアカデミー賞名誉賞受賞であろう。プレゼンターのスティーヴン・スピルバーグとジョージ・ルーカスと共に壇上に上がった授賞式での黒澤の堂々たる態度と映画愛に満ちた真摯なスピーチに対して、万座によるスタンディングオベーションが起こったのは、まさに黒澤と黒澤映画への心からの敬愛を示すものであった。

おわりに ——語り継がれる伝説

黒澤明が1990年にアカデミー賞名誉賞を受賞してから30年が経とうとしているが、世界中の人々の、黒澤明とその作品に対する敬愛と知的好奇心は薄れることはないようだ。黒澤の死後も、『七人の侍』『乱』『羅生門』『生きる』が全米でリバイバル公開され、限定ロードショーや特集上映に至っては把握できないほど開催されている。前述したジャナスとクライテリオンは黒澤作品の劇場配給と魅力的なパッケージ化を継続して行っている（クライテリオン制作の「黒澤明生誕100年記念」のポスターはcat.no.82）。フランスでも近年『七人の侍』『影武者』『乱』『羅生門』がリバイバル公開された。

研究書の出版も途切れることなく続いており、その拡がりは映画と言う範疇を越えたものとなっている。Blair Davis, Robert Anderson, Jan Walls: *Rashomon Effects*(2018)は、映画『羅生門』を多数の筆者が多面的に解説・分析した内容で、社会科学や他のメディアへ残した遺産を、『羅生門』が内包している普遍的思想の影響力に求めたものである。米国で教鞭を執る大学教授が著した、映画を通して哲学を研究するDamian Cox, Michael Levine: *Thinking Through Film: Doing Philosophy, Watching Movies*(2011)の表紙は『生きる』に主演した志村喬である。

冒頭で述べたように、英国BBCによる世界映画史上のTOP100（非英語）に監督として最多の4本がランクインし、第1位（『七人の侍』）と第4位（『羅生門』）に選ばれた作品を世に送り出した黒澤明に対する評価はまだまだこれからだと言えよう。なぜなら、絶え間ないオマージュ作品や再映画化プロジェクトばかりでなく、黒澤明と黒澤映画を研究・評価するためには映画以外の多面的アプローチと多国籍的アプローチが必要だからだ。近年だけでも『荒野の七人』の再映画化で『七人の侍』が原案となったり、スピルバーグ監督のプロダクションが『羅生門』をTVドラマシリーズとして製作することを発表したり、『天国と地獄』『生きる』の再映画化権は常に誰かが保持しているといった状態が続いている。黒澤明の未映画化脚本の映画化権を中国の映画製作会社がまとめて購入したのも記憶に新しい。これらの事実が指し示していることはいたってシンプルだ。黒澤明の名前は世界の映画界ではいまだ現役だということである。力強いストーリーと魅力的なキャラクターを持つ黒澤作品は時代を越えて世界各地で生き続け、映画以外の分野にもその影響を及ぼし続けているのである。

上記のような状況が続いているのには、今なお映画界で最大の発信力を保持している米国での黒澤明の地位が密接に関係している。本稿で概観したように、『羅生門』の米国公開以降、黒澤明と黒澤作品に魅せられた人びとが続々と登場し、米国での受容を推し進めた。黒澤作品には彼らを捉えて離さない磁力があったのであろう。特に本稿で取り上げたボスリー・クラウザー、トム・ブランドン、大平和登は50年代、60年代における黒澤作品の米国での受容に決定的な役割を果たした。

2020年は『羅生門』製作70周年であり、翌2021年はヴェネチア映画祭グランプリにより世界が黒澤明を発見して70周年ということになる。世界はこれからも黒澤明を発見し続けることになるであろう。

（黒澤明研究家）

凡例
和文と欧文で、ポスター番号、映画タイトル、ポスター制作国および制作年、寸法（縦×横mm）、ポスター作家名（略号Ⓟ）の順に記した。なお、表記のないものは不明のものである。ポスター番号79〜82は個別の作品のポスターではなく、特集上映や映画祭の際のポスターである。ポスターはすべて槇田寿文氏の所蔵である。

Notes
In Japanese and English, the poster number, film title, country and year of production of the poster, dimensions (length × width in millimeters), poster artist name (abbreviated Ⓟ) are listed in this order. In addition, what is not written is unknown. The poster numbered 79-82 are not of individual works but posters for film programs and film festivals. All posters are owned by Toshifumi Makita.

1 羅生門
Rashomon
西ドイツ版（1959年）
West German Poster (1959)
839×593
Ⓟハンス・ヒルマン
Hans Hillmann

2 羅生門
Rashomon
西ドイツ版（1952年）
West German Poster (1952)
839×596

3 羅生門
Rashomon
ベルギー版（1953年）
Belgian Poster (1953)
484×352

4 羅生門
Rashomon
スウェーデン版（1953年）
Swedish Poster (1953)
1,000×712

5 羅生門
Rashomon
ポーランド版（1958年）
Polish Poster (1958)
570×846
Ⓟヴォイチェフ・ファンゴル
Wojciech Fangor

6 羅生門
Rashomon
チェコスロヴァキア版（1970年）
Czechoslovak Poster (1970)
410×288
Ⓟベドジヒ・ドロウヒー
Bedřich Dlouhý

7 羅生門
Rashomon
ソヴィエト［ラトヴィア］版（1966年）
Soviet (Latvian) Poster (1966)
710×500

8 羅生門
Rashomon
アメリカ版（1952年）
US Poster (1952)
1,043×690

9 羅生門
Rashomon
アメリカ版［レヴュー版］（1952年）
US Review Poster (1952)
1,065×712

10 姿三四郎
Sanshiro Sugata
スウェーデン版
Swedish Poster
700×488

11 虎の尾を踏む男達
The Men Who Tread on the Tiger's Tail
西ドイツ版
West German Poster
839×442

12 酔いどれ天使
Drunken Angel
ポーランド版（1960年）
Polish Poster (1960)
850×585
Ⓟヴワディスワフ・ヤニシェフスキ
Władysław Janiszewski

13 静かなる決闘
The Quiet Duel
ギリシャ版（2006年）
Greek Poster (2006)
488×340

14 野良犬
Stray Dog
アメリカ版（1964年）
US Poster (1964)
1,041×685

15 野良犬
Stray Dog
フランス版（1961年）
French Poster (1961)
1,204×780
Ⓟエチュヴェリー
Etcheverry

16 野良犬
Stray Dog
フィンランド版（1987年）
Finnish Poster (1987)
595×423
Ⓟエルキ・サウラマ
Erkki Saurama

17 白痴
The Idiot
フランス版
French Poster
1,544×1,156

18 生きる
Ikiru / Doomed / To Live
フランス版（1966年）
French Poster (1966)
1,538×1,154

19 生きる
Ikiru / Doomed / To Live
アルゼンチン版
Argentinian Poster
1,145×778

20 七人の侍
Seven Samurai
イギリス版［アカデミー・シネマ版］
UK Academy Cinema Poster
760×1,025
Ⓟピーター・ストロスフェルド
Peter Strausfeld

21 七人の侍
Seven Samurai
西ドイツ版［8シート判］（1962年）
West German 8-sheet Poster (1962)
2,385×3,324
Ⓟハンス・ヒルマン
Hans Hillmann

22 七人の侍
Seven Samurai
ポーランド版（1960年）
Polish Poster（1960）
588×854
Ⓟマリアン・スタフルスキ
Marian Stachurski

23 七人の侍
Seven Samurai
フィンランド版（1959年）
Finnish Poster（1959）
596×419
Ⓟライモ・ライメラ
Raimo Raimela

24 七人の侍
Seven Samurai
ルーマニア版
Romanian Poster
484×344

25 七人の侍
Seven Samurai
アメリカ版（2002年）
US Poster（2002）
985×675

26 七人の侍
Seven Samurai
イタリア版［4シート判］（1955年）
Italian 4-sheet Poster（1955）
1,969×1,405

27 七人の侍
Seven Samurai
アルゼンチン版（1957年）
Argentinian Poster（1957）
1,101×742

28 七人の侍
Seven Samurai
スペイン版（1965年）
Spanish Poster（1965）
994×693
Ⓟハノ
Jano

29 七人の侍
Seven Samurai
スイス版
Swiss Poster
420×297

30 七人の侍
Seven Samurai
オランダ版
Dutch Poster
640×462

31 七人の侍
Seven Samurai
イラン版
Iranian Poster
449×360

32 七人の侍
Seven Samurai
ユーゴスラヴィア［ボスニア］版
Yugoslavian（Bosnian）Poster
693×484

33 七人の侍
Seven Samurai
タイ版
Thai Poster
782×541

34 生きものの記録
I Live in Fear / Record of a Living Being
イギリス版
UK Poster
764×511

35 蜘蛛巣城
Throne of Blood
イタリア版［2シート判］（1959年）
Italian 2-sheet Poster（1959）
1,462×1,063
Ⓟカルラントニオ・ロンジ
Carlantonio Longi

36 蜘蛛巣城
Throne of Blood
イタリア版［4シート判］（1959年）
Italian 4-sheet Poster（1959）
1,967×1,404
Ⓟカルラントニオ・ロンジ
Carlantonio Longi

37 蜘蛛巣城
Throne of Blood
ポーランド版（1960年）
Polish Poster（1960）
856×577
Ⓟヴォイチェフ・ヴェンツェル
Wojciech Wenzel

38 蜘蛛巣城
Throne of Blood
チェコスロヴァキア版（1959年）
Czechoslovak Poster（1959）
405×280
Ⓟヤン・クビーチェク
Jan Kubíček

39 どん底
The Lower Depths
ドイツ版
German Poster
846×549

40 隠し砦の三悪人
The Hidden Fortress
イタリア版［2シート判］（1960年）
Italian 2-sheet Poster（1960）
1,400×1,002
Ⓟルイジ・マルティナーティ
Luigi Martinati

41 隠し砦の三悪人
The Hidden Fortress
イギリス版［アカデミー・シネマ版］
UK Academy Cinema Poster
763×1,018
Ⓟピーター・ストロスフェルド
Peter Strausfeld
＊同時掲載作品：『ゲームの規則』『雨月物語』

42 隠し砦の三悪人
The Hidden Fortress
デンマーク版（1969年）
Danish Poster（1969）
840×616
Ⓟニナ・シエッツ
Nina Schiøttz

43 隠し砦の三悪人
The Hidden Fortress
ポーランド版（1968年）
Polish Poster（1968）
825×575
Ⓟアンジェイ・ピヴォンスキ
Andrzej Piwoński

44 悪い奴ほどよく眠る
The Bad Sleep Well
ソヴィエト［ロシア］版
Soviet（Russian）Poster
887×551

45 悪い奴ほどよく眠る
The Bad Sleep Well
ポーランド版（1963年）
Polish Poster（1963）
829×586
Ⓟマウリツィ・ストリイェツキ
Maurycy Stryjecki

46 用心棒
Yojimbo
アメリカ版（1961年）
US Poster（1961）
597×760
Ⓟエヴェレット・エイソン
Everett Aison

47 用心棒
Yojimbo
メキシコ版（1963年）
Mexican Poster（1963）
949×703
Ⓟルイス・O
Ruiz O

48 用心棒
Yojimbo
ポーランド版（1962年）
Polish Poster（1962）
857×610
Ⓟエリク・リピンスキ
Eryk Lipiński

49 椿三十郎
Sanjuro
ポーランド版（1968年）
Polish Poster（1968）
821×578
Ⓟアンジェイ・クライェフスキ
Andrzej Krajewski

50 椿三十郎
Sanjuro
ルーマニア版
Romanian Poster
500×350

51 椿三十郎
Sanjuro
アメリカ版（1963年）
US Poster（1963）
1,043×691

52 天国と地獄
High and Low
スペイン版
Spanish Poster
979×683

53 天国と地獄
High and Low
チェコスロヴァキア版（1963年）
Czechoslovak Poster（1963）
414×290
Ⓟカレル・ヴァツァ
Karel Vaca

54 赤ひげ
Red Beard
キューバ版（1966年）
Cuban Poster（1966）
762×510
Ⓟエドゥアルド・ムニョス・バッチ
Eduardo Muñoz Bachs

55 赤ひげ
Red Beard
フィンランド版（1979年）
Finnish Poster（1979）
479×321

56 赤ひげ
Red Beard
タイ版（1965年）
Thai Poster（1965）
542×390

57 赤ひげ
Red Beard
アメリカ版（1965年）
US Poster（1965）
1,048×718

58 赤ひげ
Red Beard
チェコスロヴァキア版
Czechoslovak Poster
407×297

59 どですかでん
Dodeskaden
イギリス版
UK Poster
759×1,019
Ⓟセリア・ストザード
Celia Stothard

60 どですかでん
Dodeskaden
チェコスロヴァキア版（1972年）
Czechoslovak Poster（1972）
818×580
Ⓟヴラチスラフ・フラヴァティー
Vratislav Hlavatý

61 どですかでん
Dodeskaden
ルーマニア版
Romanian Poster
951×665

62 どですかでん
Dodeskaden
ポーランド版（1971年）
Polish Poster（1971）
842×581
Ⓟヤン・ムウォドジェニェツ
Jan Młodożeniec

63 デルス・ウザーラ
Dersu Uzala
ソヴィエト［ロシア］版（1975年）
Soviet（Russian）Poster（1975）
860×546

64 デルス・ウザーラ
Dersu Uzala
ポーランド版（1976年）
Polish Poster（1976）
836×574
Ⓟバルバラ・ヤンコフスカ
Barbara Jankowska

65 デルス・ウザーラ
Dersu Uzala
ブラジル版
Brazilian Poster
910×637
Ⓟセルジオ・マルタ
Sergio Marta

66 影武者
Kagemusha
東ドイツ版（1981年）
East German Poster（1981）
811×574
Ⓟオットー・クンメルト
Otto Kummert

67 影武者
Kagemusha
ポーランド版（1982年）
Polish Poster（1982）
966×672
Ⓟヴァルデマル・シフィェジ
Waldemar Świerzy

68 影武者
Kagemusha
ハンガリー版（1982年）
Hungarian Poster（1982）
563×400

69 影武者
Kagemusha
オーストラリア版（1981年）
Australian Poster（1981）
712×345

70 影武者
Kagemusha
韓国版（1998年）
South Korean Poster（1998）
757×525
Ⓟ田村彰英（撮影）
Akihide Tamura（Photography）

71 乱
Ran
フランス版（1985年）
French Poster（1985）
1,585×1,174
Ⓟバンジャマン・バルティモール
Benjamin Baltimore

72 乱
Ran
ポーランド版（1988年）
Polish Poster（1988）
950×674
Ⓟアンジェイ・ポンゴフスキ
Andrzej Pągowski

73 乱
Ran
トルコ版（1991年）
Turkish Poster（1991）
941×645

74 夢
Dreams
アメリカ版（1990年）
US Poster（1990）
1,026×687

75 八月の狂詩曲
Rhapsody in August
イギリス版（1991年）
UK Poster（1991）
762×1,015
Ⓟアルバート・クー
Albert Kueh

76 八月の狂詩曲
Rhapsody in August
ポーランド版（1994年）
Polish Poster（1994）
987×670
Ⓟヴァルデマル・シフィェジ
Waldemar Świerzy

77 まあだだよ
Madadayo
フランス版（1995年）
French Poster（1995）
1,565×1,156
Ⓟ黒澤明（画）、
ピエール・コリエ（デザイン）
Akira Kurosawa（drawing）,
Pierre Collier（design）

78 まあだだよ
Madadayo
イタリア版（1993年）
Italian Poster（1993）
1,395×982
Ⓟアンナ・モンテクローチ
Anna Montecroci

79 オーストリア映画博物館
黒澤明監督特集（1976年）
Poster for Kurosawa Retrospective
at Austrian Film Museum（1976）
838×593

80 第36回カンヌ国際映画祭公式ポスター
（1983年）
Official Poster for the 36th Cannes
International Film Festival（1983）
1,595×1,185
Ⓟ黒澤明（画）
Akira Kurosawa（drawing）

81 黒澤明デッサン展［フランス］（2008年）
Exhibition Poster "Akira Kurosawa
Dessins" in France（2008）
1,758×1,185
Ⓟ黒澤明（画）
Akira Kurosawa（drawing）

82 黒澤明監督生誕100年記念
［アメリカ］（2010年）
US Poster for "AK 100", centennial
celebration of Akira Kurosawa
（2010）
984×680

111

本書は、以下の展覧会に関連して刊行されました。
「国立映画アーカイブ開館記念 没後20年 旅する黒澤明 槇田寿文ポスター・コレクションより」
会期：2018年4月17日(火) — 9月23日(日)
会場：国立映画アーカイブ展示室
主催：国立映画アーカイブ
協力：槇田寿文、株式会社黒澤プロダクション

Exhibition: Kurosawa Travels around the World: The Masterworks in Posters from the Collection of Toshifumi Makita
Date: 17th April–23th September, 2018
Venue: National Film Archive of Japan Gallery
Organization: National Film Archive of Japan
Cooperation: Toshifumi Makita, Kurosawa Production Co., Ltd.

国立映画アーカイブ　National Film Archive of Japan
映画フィルムや映画関連資料を広く収集し、その保存・研究・公開を通して映画文化の振興をはかる日本で唯一の国立映画機関。昭和27(1952)年に設置された国立近代美術館の映画事業(フィルム・ライブラリー)に始まり、昭和45(1970)年の東京国立近代美術館フィルムセンター開館とその後の活動を経て、平成30(2018)年、独立行政法人国立美術館の6番目の館として設立された。平成7(1995)年には建物をリニューアルし現在に至る。

たび くろさわあきら まきた としふみ
旅する黒澤明　槇田寿文ポスター・コレクションより

2020年1月15日初版第1刷印刷
2020年1月22日初版第1刷発行

監修　　国立映画アーカイブ
編集　　国立映画アーカイブ
　　　　清水範之(国書刊行会)
　　　　川上貴(国書刊行会)
撮影　　大谷一郎
　　　　守谷公一
デザイン　村松道代
協力　　槇田寿文、株式会社黒澤プロダクション、池田祐子(京都国立近代美術館学芸課長)
発行者　佐藤今朝夫
発行所　株式会社国書刊行会
　　　　東京都板橋区志村1-13-15　〒174-0056
　　　　電話03-5970-7421
　　　　ファクシミリ03-5970-7427
　　　　URL : https://www.kokusho.co.jp
　　　　E-mail : info@kokusho.co.jp
印刷・製本　株式会社公栄社

ISBN978-4-336-06543-8 C0074
© 2020 National Film Archive of Japan | Kokushokankokai Inc.
無断転載複写禁止

Kurosawa Travels around the World: The Masterworks in Posters
from the Collection of Toshifumi Makita

January 15, 2020 First Printing, First Impression
January 22, 2020 First Printing, First Publication

Editing　　　National Film Archive of Japan
　　　　　　Noriyuki Shimizu(Kokushokankokai Inc.)
　　　　　　Takashi Kawakami(Kokushokankokai Inc.)
Photo　　　　Ichiro Otani
　　　　　　Koichi Moriya
Design　　　Michiyo Muramatsu
Cooperation　Toshifumi Makita
　　　　　　Kurosawa Production Co., Ltd.
　　　　　　Yuko Ikeda(Chief Curator, The National Museum of Modern Art, Kyoto)
Publisher　　Kesao Sato
Publication　Kokushokankokai Inc.
　　　　　　1-13-15 Shimura, Itabashi-ku, Tokyo　JAPAN 174-0056
　　　　　　Telephone. +81-3-5970-7421
　　　　　　Facsimile. +81-3-5970-7427
　　　　　　URL: https://www.kokusho.co.jp
　　　　　　E-mail: info@kokusho.co.jp
Printing, bookbinding　　Koeisha Co., Ltd.

ISBN978-4-336-06543-8 C0074
© 2020 National Film Archive of Japan | Kokushokankokai Inc.
All Rights Reserved

＊収録したポスター作家の方の中に連絡の取れない著作権者の方がいらっしゃいました。お心当たりの方は出版社までお知らせいただけましたら幸いです。
There were some copyright owners who could not get in touch with the poster artists.
If you know it, we would appreciate it if you could let us know at the Kokushokankokai Inc.

装訂使用写真
ジャケット表2　『七人の侍』撮影時、前列右が黒澤明、左が堀川弘通(助監督)
ジャケット表3・4　自身のポスターにサインをする黒澤明、左はフランシス・フォード・コッポラ
表紙表　『影武者』撮影時の黒澤明　撮影：田村彰英
表紙裏　『悪い奴ほどよく眠る』撮影時の黒澤明

写真提供：株式会社黒澤プロダクション